1 Fehleranalyse und Strategien zur Fehlervermeidung

Das vorliegende Arbeitsheft geht auf die wesentlichen Fehlerquellen in Oberstufenklausuren ein. Es kann Ihnen helfen, Ihre persönlichen Fehlerschwerpunkte systematisch zu bearbeiten und so Ihr Schreiben zu verbessern. Sie üben,

- genau und angemessen zu formulieren,
- Aussagen logisch-schlüssig miteinander zu verknüpfen,
- grammatisch richtig zu schreiben,
- die Regeln der Rechtschreibung und Zeichensetzung zu beachten und
- Probleme des Stils zu meistern.

Zunächst ist es wichtig, dass Sie Ihre Wahrnehmung für mögliche Fehlerquellen schärfen. Ziel ist, dass Sie bereits während des Schreibens auf Ihre besonderen Schwachpunkte achten und versuchen, Fehler zu vermeiden. Spätestens bei der Überarbeitung Ihres Textes sollten Sie Ihre Fehler zuverlässig finden und korrigieren. Die dafür nötige Fähigkeit der Selbstdiagnose können Sie trainieren.
Die Info-Kästen (!) im Heft bieten Ihnen Zusammenfassungen des Grundlagenwissens. Die Tipp-Kästen (! **TIPP**) vermitteln Ihnen in Kürze geeignete Arbeitsstrategien. Die Lösungen zu den Aufgaben finden Sie im Lösungsheft.

1.1 Eigene Fehlerschwerpunkte ermitteln

1 **a** Prüfen Sie anhand der Übersicht Ihre letzten Klausuren: Halten Sie in der rechten Spalte der Tabelle in einer Strichliste fest, wie häufig die aufgeführten Fehlerarten in Ihren Texten aufgetreten sind.
b In welchen Bereichen gab es besonders viele Fehler? Woran sollten Sie also besonders arbeiten? Markieren Sie diese Bereiche und sehen Sie im Inhaltsverzeichnis nach, in welchen Kapiteln Sie passende Übungsmöglichkeiten finden. Treffen Sie eine Entscheidung, womit Sie anfangen wollen.

! Übersicht: Fehlerarten und Korrekturzeichen

Korrekturzeichen	Erklärung des Fehlers	Wie oft kommt dieser Fehler bei mir vor? (Strichliste)
R	Rechtschreibfehler	
Z	Zeichensetzungsfehler	
Gr	Grammatikfehler (außer T, Mod, Sb/St, Bz, z. B. Kasusfehler)	
T	Tempusfehler (z. B. Verwendung des Präteritums in Textzusammenfassungen oder analytischen Aufsatzteilen)	
Mod	Modusfehler (z. B. fehlender Konjunktiv in der indirekten Rede)	
Bz	Beziehungsfehler (unklarer oder falscher Bezug auf Satz- oder Textebene)	
Sb/St	Satzbaufehler/Wortstellungsfehler	
A	Ausdrucksfehler (ungeschickter oder unangemessener Ausdruck)	
W	falsche Wortwahl	
Fa	Fehler im Bereich der Fachsprache	
Stil	stilistisch missglückte Formulierung	
Logik	falscher logischer Bezug (z. B. Widerspruch, Gedankensprung, falsche Schlussfolgerung)	
Wdh	Wiederholung (als Ausdruck mangelnder Schreibplanung)	
(–)	überflüssiges Wort	
V	fehlendes Wort	
⌐	fehlender Absatz	

1.2 Strategien der Fehlervermeidung entwickeln

Die Übungen in diesem Arbeitsheft führen Sie schrittweise zu einem selbstständigen Umgang mit Ihren Fehlern und Schwierigkeiten. Sie trainieren dabei,

- Ihre „Antennen auszufahren“ und auf mögliche Fehler zu richten, also darauf aufmerksam zu werden, dass etwas falsch ist,
- sprachliche Fehlleistungen zu durchschauen, also zu verstehen, warum etwas verbessert werden muss, und
- Lösungen für logische und stilistische Darstellungsprobleme zu finden.

1 **a** Notieren Sie hier Ihre drei hauptsächlichen Fehler:

____

____

____

b Gewöhnen Sie sich daran, eigene Texte regelmäßig auf diese Fehler hin durchzusehen.
c In Klausuren ist ein Rechtschreibwörterbuch zugelassen. Wahrscheinlich haben Sie es bisher eher selten zur Fehlervermeidung genutzt. Die folgende Checkliste kann Ihnen dabei helfen, in Zukunft mehr Vorteile aus dem Wörterbuch zu ziehen.

! TIPP: Rechtschreibwörterbuch nutzen

Bereiche, für die ich im Rechtschreibwörterbuch Hilfe finde:	Anwendungstipps für den Umgang mit Rechtschreibwörterbüchern	Diese Möglichkeit nutze ich bereits: ja	nein
Rechtschreibung und Zeichensetzung	– Bei Wörtern, die Sie immer wieder falsch schreiben, können Sie ein Lesezeichen anbringen, sodass Sie die korrekte Schreibung rasch finden.	☐	☐
	– Nutzen Sie die Info-Kästen zu besonderen Schwierigkeiten der Rechtschreibung, die sich in vielen Wörterbüchern finden.	☐	☐
	– Die für Sie wichtigen Regeln der Rechtschreibung und Zeichensetzung können Sie in Wörterbüchern farbig markieren, damit Sie sie schnell finden.	☐	☐
Fremdwortgebrauch	– Im normalen Rechtschreibwörterbuch können Sie auch viele Fremdwörter nachschlagen, deren Schreibung oder Gebrauch Ihnen nicht so vertraut sind. Meist werden die Fremdwörter dort mit einem deutschen Synonym (Ersatzwort) erklärt.	☐	☐
Grammatik	– Zu Wörtern, die Sie nicht ganz beherrschen, finden Sie im Wörterbuch wichtige Informationen: Der Artikel zeigt an, welches Genus (Geschlecht) ein Nomen/Substantiv hat (manchmal ist man unsicher, weil es tatsächlich zwei korrekte Möglichkeiten gibt!); außerdem werden weniger bekannte Pluralformen angegeben (wie *Genera* zu *Genus*). Bei Präpositionen wird durch explizite Angaben oder ein Beispiel geklärt, welcher Kasus (Fall) gefordert ist (z. B. ***gemäß*** *seiner Anweisung, Präp. mit Dativ*).	☐	☐
Stil	– Wenn Ihnen gelegentlich Stilbrüche angekreidet werden, sollten Sie im Wörterbuch auf Angaben zur stilistischen Qualität von Wörtern achten: Im schriftlichen Text vermeiden sollten Sie Wörter, die als „ugs.“ (umgangssprachlich), „mdal.“ (mundartlich) oder gar als „derb“ oder „veraltet“ gekennzeichnet sind.	☐	☐

2 Minimalgrammatik: Begriffe und Übungen

Grammatisches Grundwissen hilft Ihnen beim Schreiben,
- weil Sie Wortgebrauch und Satzbildung besser verstehen und gezielter einsetzen können,
- weil Rechtschreibung und Zeichensetzung oft mit grammatischen Kategorien zusammenhängen (etwa bei der Nominalisierung, → S. 7, S. 37, oder der Kommasetzung zwischen Haupt- und Nebensatz, → S. 24),
- weil Sie dadurch Ihre Sprache nicht nur intuitiv richtig, sondern kontrolliert einsetzen und verbessern können,
- weil Sie ein angemessenes Beschreibungsvokabular zur Verständigung über sprachliche Mittel und deren Wirkung auch für die Analyse und Interpretation von Texten brauchen.

Bedenken Sie: Die Beherrschung der sprachlichen Richtigkeit ist in Prüfungsaufsätzen, auch im Abitur, ein wichtiges Kriterium für die Beurteilung Ihrer Leistung. Insofern entlastet sprachliche Sicherheit, denn Sie können sich auf die Inhalte konzentrieren. Sie werden zunehmend entdecken, dass sprachliche Zusammenhänge keineswegs langweilig sind. Sie zu kennen, entwickelt die eigene Sprachkompetenz – und Kompetenz macht zufrieden.

2.1 Wortarten und ihre Verwendung

Wörter sind die kleinsten eigenständigen Einheiten der Sprache. Im Deutschen gibt es über 300 000 Wörter, von denen allerdings nur etwa 20 000 häufig verwendet werden. Sie werden nach Wortarten klassifiziert.

Rund 50 Prozent aller Wörter sind Nomen. Der Anteil der Verben am Wortbestand liegt bei etwa 20 Prozent, der der Adjektive immerhin bei 25 Prozent. Diese drei Wortarten nennt man auch Hauptwortarten.

Die **Einteilung des Wortschatzes** in Klassen von **Wortarten** erfolgt teils nach formalen, teils nach inhaltlichen Gesichtspunkten. Im Hinblick auf die **Form** unterscheidet man die Gruppen der flektierbaren (veränderbaren) und der unflektierbaren (unveränderbaren) Wörter. Bei den flektierbaren Wörtern gibt es die konjugierbaren, die Verben, und diejenigen, die dekliniert werden, nämlich Nomen, Pronomen, Artikel und Adjektive. Die unveränderlichen Wörter (Partikeln) werden nach ihrer **Bedeutung und Funktion** unterteilt in Adverbien, Präpositionen, Konjunktionen und Interjektionen.

! **Wortarten**

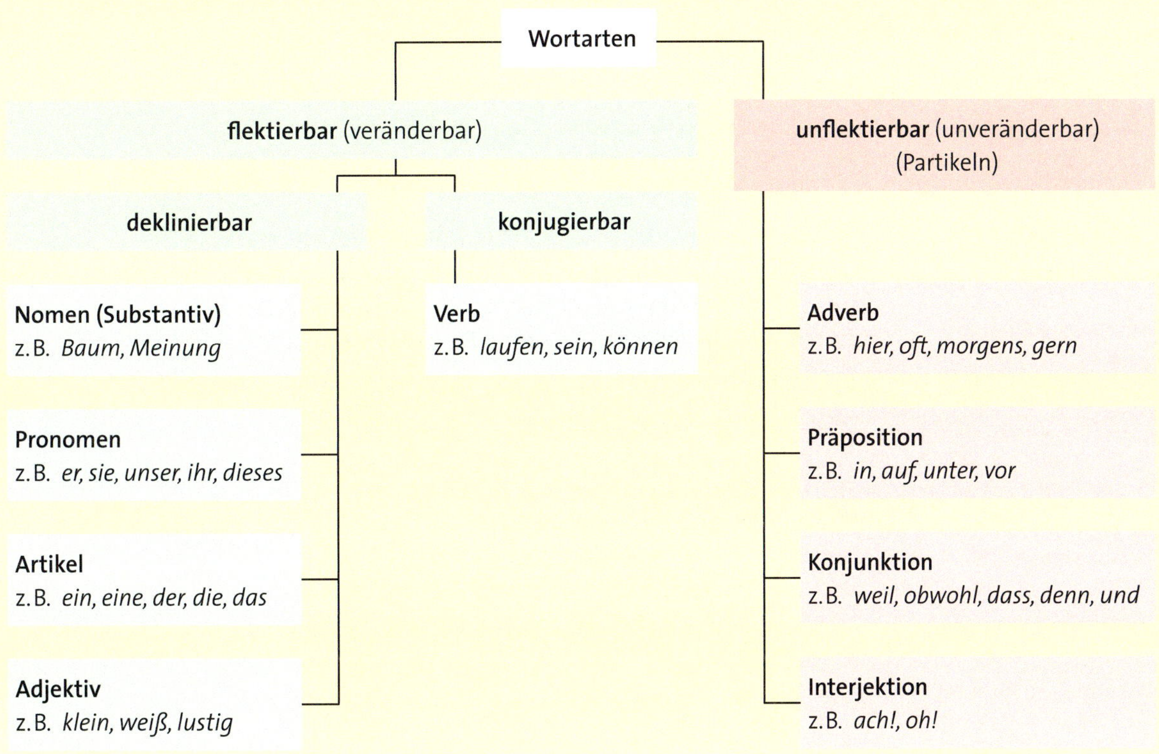

Auf den folgenden Seiten des Arbeitsheftes können Sie Ihren Wissensstand in einem „Schnellcheck“ testen, bei Bedarf fehlerträchtige Verwendungssituationen in den Blick nehmen und richtigen Sprachgebrauch trainieren.

Wortarten sicher bestimmen

Die Wortarten zu kennen, ist für die Verständigung über Sprache wichtig. Der Hinweis „falsche Konjunktion" hilft mir nur, wenn ich weiß, welche anderen Wörter derselben Wortart infrage kämen.

1 **a** Der folgende Satz stammt von dem Schriftsteller und Publizisten Dieter E. Zimmer. Schreiben Sie unter jedes Wort die Wortart, zu der es gehört. Arbeiten Sie möglichst rasch, Lücken können Sie gegebenenfalls später klären.
b Gleichen Sie anschließend Ihre Antworten mit dem Lösungsheft ab: Falls Sie mehrere falsch oder nicht angegeben haben, sollten Sie sich die vorangegangene Übersicht über die Wortarten (→ S. 5) noch einmal genau einprägen.

Nur darum hat die Sprache überhaupt eine Geschichte,

____

weil immer wieder gegen ihre Normen verstoßen wird

____

und weil die Allgemeinheit einige dieser Verstöße schließlich annimmt.

____

! **Pronomen**

Pronomen stehen „für ein Nomen". Sie können es ersetzen oder begleiten. Pronomen haben eine wichtige Funktion: Ihr richtiger Gebrauch sichert die Kohärenz (den Zusammenhang) eines Textes (→ S. 48, S. 51).
Die meisten Pronomen sind deklinierbar, also veränderbar. Sie richten sich in Kasus, Numerus und Genus nach ihrem Bezugswort und nach ihrer Funktion im Satz. Einige Pronomen sind unveränderbar (z. B. *man, etwas, irgendwo, wie?, wohin?*). Man unterscheidet folgende Arten von Pronomen:

Personalpronomen	(persönliches Fürwort):	*ich, meiner, mir, mich, ihm, ihn ...*
Possessivpronomen	(besitzanzeigendes Fürwort):	*mein, dein, sein ...*
Demonstrativpronomen	(hinweisendes Fürwort):	*dieser, jener, der, derselbe, solche ...*
Relativpronomen	(bezügliches Fürwort):	*der, die, das, welcher, welche, welches ...*
Interrogativpronomen	(Fragefürwort):	*wer?, was?, welcher? ...*
Reflexivpronomen	(rückbezügliches Fürwort):	*mich, dich, sich ...* (meist vom Subjekt abhängig)
Indefinitpronomen	(unbestimmtes Fürwort):	*man, etwas, manche, irgendwer, keiner ...*

2 Ordnen Sie die Wortbeispiele den Unterklassen von Pronomen zu.

Personalpronomen ______________________________

Possessivpronomen ______________________________

Demonstrativpronomen *diese,* ______________________________

Relativpronomen ______________________________

Interrogativpronomen ______________________________

Reflexivpronomen ______________________________

Indefinitpronomen ______________________________

~~diese~~ sein du
wir jener
was unser euer
man welcher
ihnen wer? mir
sich jemand
etwas was? dir

Wechsel der Wortart: Nominalisierung

Im Prinzip lässt sich jede Wortart „nominalisieren“, d. h. als Nomen verwenden. Kennzeichen der Nominalisierung sind Artikel (und/oder Präposition) und Großschreibung (→ S. 37). Das Verb „tanzen“ kann z. B. durch den Artikel nominalisiert werden: *das Tanzen*, das Adjektiv „grün“ durch die Präposition: *bei Grün*. Sogar Adverbien und Konjunktionen können zu Nomen werden: *das Hier und Heute, ohne Wenn und Aber.*

3 **a** Nominalisierte **Verben** kommen häufig mit Präposition vor.
Formen Sie um. Denken Sie daran, dass nominalisierte Wörter großgeschrieben werden.

wenn man dieses Buch liest: beim ______________________________

Zeit haben einzukaufen: ______________________________

zu schade, um es wegzuwerfen: ______________________________

b Auch **Partizipien** können nominalisiert werden.
Bilden Sie die entsprechenden Formen und denken Sie wieder an die richtige Schreibweise.

Partizip I (Präsens)	*(warten)*	*die ______________________ vertrösten*
	(erschrecken)	*etwas ______________________ erleben*
Partizip II (Perfekt)	*(beteiligen)*	*alle ______________________ informieren*
	(beschäftigen)	*mit den ______________________ diskutieren*

! **TIPP: Wichtig für Überschriften**

Durch Nominalisierung lassen sich Dinge knapper ausdrücken.
Nutzen Sie diese Möglichkeit beim Formulieren von Überschriften.

4 Formulieren Sie knappe Überschriften, indem Sie das Verb nominalisieren, z. B.: *Es besteht die Gefahr, dass die Umweltprobleme verharmlost werden. → Gefahr einer Verharmlosung der Umweltprobleme*

1. *Hier geht es um die verschiedenen Möglichkeiten, Sätze miteinander zu verknüpfen.*

____

2. *Es wird beklagt, dass der innerstädtische Autoverkehr immer mehr zunimmt.*

____

3. *Vor dem Einfluss von Sponsoren wird gewarnt.*

____

4. *Es wird kritisiert, dass die beschlossenen Maßnahmen zu langsam umgesetzt werden.*

____

5. *Das bereits bestehende Kursangebot ist erweitert worden.*

____

6. *Es wird gefragt, ob die Werbung irgendwann auf Sexismus verzichten wird.*

____

2.2 Verben: Tempusformen richtig bilden, Tempora richtig verwenden

1 **a** Ergänzen Sie in den folgenden Sätzen die passende Form des Verbs. Achten Sie auf die richtige Zeitform.
b Sind Sie in Einzelfällen unsicher, wie die Verbform zu bilden ist, so lesen Sie den nachfolgenden Info-Kasten. Greifen Sie erst danach zum Lösungsheft, um Ihre Entscheidung zu überprüfen.

1. *Er hörte dies und* ______________________ . *(erbleichen)*
2. *Erst nach vielen Jahren* ______________________ *sie ihm.* *(verzeihen)*
3. *Als damals noch unerfahrener Vater* ______________________ *er sein Kind.* *(verziehen)*
4. *Die Pflanze* ______________________ *im vergangenen Sommer prächtig.* *(gedeihen)*
5. *Gestern hat der Schlüssel noch da* ______________________ . *(hängen)*
6. *Hemden gehören über Nacht auf einen Bügel* ______________________ . *(hängen)*
7. *Als sie das Zimmer betrat,* ______________________ *sich der Vorhang im Wind.* *(bewegen)*
8. *Dieses Argument* ______________________ *ihn gestern nachzugeben.* *(bewegen)*
9. *Am Anfang* ______________________ *der Herr Himmel und Erde.* *(schaffen)*
10. *Ich* ______________________ *es nie, ihm zu verzeihen.* *(schaffen)*
11. *Der Schnupfen quälte ihn, er hat oft* ______________________ . *(niesen)*
12. *Alles* ______________________ *durch den damaligen Vorfall in Bewegung.* *(geraten)*

!

Die Verbformen

Die allermeisten Verben sind so genannte **schwache** (oder: **regelmäßige**) **Verben.** Sie bilden die Tempusformen durch Anhängen einer Endung an den Verbstamm, z. B.: *sagen – sagte – gesagt, lieben – liebte – geliebt.*
Wie in den meisten europäischen Sprachen gibt es im Deutschen jedoch auch Verben, die ihre Tempora durch Veränderung des Vokals im Verbstamm (Ablaut) bilden. Man nennt sie **starke** (oder: **unregelmäßige**) **Verben,** z. B.: *bleiben – blieb – geblieben, sprechen – sprach – gesprochen.*
Es sind relativ wenige (etwa 200), aber häufig gebrauchte Verben. Einige wenige **gemischte Verben** bilden teils schwache, teils starke Tempusformen, z. B.: *denken – dachte – gedacht.*

Manchmal entstehen **Unsicherheiten in der Tempusbildung:**

– Manche Verben (z. B. *hängen*) können mit unterschiedlicher Bedeutung verwendet werden. Je nachdem, ob sie **transitiv** (ein Akkusativobjekt verlangend) oder **intransitiv** gebraucht werden, bilden sie schwache oder starke Formen, z. B.:

Wir hängen Bilder an die Wand. *Wir hängten Bilder an die Wand. (haben gehängt)*	*Die Bilder hängen an der Wand.* *Die Bilder hingen an der Wand. (haben gehangen)*
Die Mutter wiegt das Kind. *Sie wiegte ... (hat gewiegt)*	*Das Paket wiegt vier Kilo.* *Es wog ... (hat gewogen)*
Das Rad schleift. *Es schleifte. (hat geschleift)*	*Er schleift das Messer.* *Er schliff ... (hat geschliffen)*

– Es gibt Verben mit **Doppelformen** ohne größere Bedeutungsunterschiede: *wendete/wandte – sendete/sandte.* Aber: *Verwendet* bedeutet „benutzt“, *verwandt* bedeutet „ähnlich“.
– Adjektivisch gebrauchte Partizipien von Verben mit Doppelformen sind in der Regel stark gebildet, z. B.: *eingesandte Manuskripte, das Institut für angewandte Linguistik, verwandte (= ähnliche) Themen.*
– Für einige Verben existieren **veraltete Formen,** auf die man verzichten sollte, also z. B.: *wurde,* nicht *ward; backte,* nicht *buk; fragte,* nicht *frug; steckte,* nicht *stak.*

Das Tempus erkennen

Bei der Beschreibung und Analyse von Texten ist es manchmal wichtig, das vom Autor verwendete Tempus erkennen und korrekt benennen zu können.

2 Bestimmen Sie das Tempus der fett gedruckten Verbformen.

Wer **baute** das siebentorige Theben? ______________________

In den Büchern **stehen** die Namen von Königen. ______________________

Haben die Könige die Felsbrocken **herbeigeschleppt**? ______________________
(B. Brecht: Fragen eines lesenden Arbeiters)

Ich **war** ein anderer Mensch **geworden** und also ______________________

mussten mir die Gegenstände auch anders erscheinen. ______________________
(J. W. v. Goethe in einem Brief an Schiller)

Ein schlechter Arbeiter **wird** nie ein gutes Werkzeug **finden.** ______________________
(Französisches Sprichwort)

Wo **gehobelt wird**, da fallen Späne. ______________________
(Sprichwort)

Schwierigkeiten beim Tempusgebrauch: Vorzeitigkeit ausdrücken

! **Tempusfolge bei Vorzeitigkeit**

Zu Fehlern beim Tempusgebrauch kommt es vor allem dann, wenn unterschieden werden muss, ob Vorgänge **gleichzeitig** ablaufen oder ob ein Ereignis gegenüber einem anderen als früher bzw. **vorzeitig** dargestellt werden soll. Für die Darstellung von Vorzeitigkeit stehen die Tempora **Perfekt** (gegenüber dem Präsens oder Futur) und **Plusquamperfekt** (gegenüber dem Präteritum) zur Verfügung, z. B.:
Was ich damals erlebt habe, kann ich/werde ich nicht vergessen. (Perfekt → Präsens/Futur)
Wie wir es verabredet hatten, holten uns unsere Freunde um sechs Uhr ab. (Plusquamperfekt → Präteritum)

3 **a** Unterstreichen Sie die (Teil-)Sätze, die ein Geschehen gegenüber einem anderen als vorzeitig darstellen.

Eigentlich hatten wir es anders geplant, aber wir besuchten dann noch Freunde in Hamburg.

Als sie den Brief zu Ende gelesen hat, ist ihr auf einmal alles klar.

b Überlegen Sie, wo dem Sinn nach Vorzeitigkeit vorliegt, und korrigieren Sie das Tempus. Schreiben Sie die Sätze neu.

1. *Sie vertraut ihm nicht mehr, weil er sie mehr als einmal enttäuschte.*

____

2. *Sie war völlig übermüdet; sie schlief drei Tage lang nicht.*

____

3. *Als junger Mann hat er beide Eltern verloren, daraufhin wanderte er nach Australien aus.*

____

2.3 Indikativ und Konjunktiv

Aus dem mündlichen Sprachgebrauch ist der Konjunktiv (genauer: der Konjunktiv I) fast ganz verschwunden, im Schriftlichen dagegen braucht man ihn oft. Er wird zum Ausdruck der Unsicherheit und vor allem zur Redewiedergabe (→ S. 67–73) verwendet.

1 Bestimmen Sie den Modus der unterstrichenen Verben. Wenn Sie unsicher sind, lesen Sie zuerst den unten stehenden Info-Kasten.

Wenn ich ein Vöglein wäre, flöge ich zu dir. *Konjunktiv II* __________ __________

Alle denken, dass sie ihn liebt. __________ __________

Sie hat gesagt, sie liebe ihn. __________ __________

Aber wenn sie ihn wirklich liebte, würde sie mit ihm fliehen. __________ __________

! **Modus**

Jede finite Verbform (Personalform des Verbs) ist auch durch das Merkmal **Modus** bestimmt. Mit dem Modus können wir ausdrücken, ob wir unsere Aussage als sicher, möglich oder ungewiss verstanden wissen wollen.

- Der **Indikativ** (die Wirklichkeitsform) stellt Aussagen als sicher dar, z. B.: *Sie kommt morgen zurück.* Allerdings kann eine Aussage durch ein Adverb oder einen übergeordneten Satz so verändert werden, dass sie trotz Indikativ als ungewiss zu verstehen ist, z. B.: *Wahrscheinlich kommt sie morgen zurück. Es ist möglich, dass sie morgen zurückkommt. Ich möchte, dass sie mitkommt.*
- Der **Konjunktiv** (Möglichkeitsform) stellt Aussagen als unsicher, nur möglich oder erwünscht oder als berichtet dar, z. B.: *Wie dem auch sei. Er lebe hoch! Wenn sie doch käme! Man sagt, sie komme zurück.*

Es gibt zwei Formen des Konjunktivs: Der **Konjunktiv I** wird vor allem zur Redewiedergabe gebraucht (vgl. Kap. 6 Redewiedergabe und Zitat, → S. 67–73). Er kann in Nebensätzen und in Hauptsätzen stehen, z. B.: *Er fragte mich, ob sie Spanierin sei. Sie habe jedenfalls sehr gut Spanisch gesprochen.*
Der Konjunktiv I wird auch verwendet, um einen Wunsch auszudrücken, z. B.: *Es lebe die Freiheit! Mögest du an meine Worte denken.*
Der **Konjunktiv II** wird gebraucht, um Irreales, d. h. nur gedanklich Vorgestelltes oder nicht mehr Realisierbares auszudrücken, z. B.: *Wie gerne würde sie auf alles verzichten! Was hätte sie denn tun sollen?*

Bildung des Konjunktiv I und II
Der **Konjunktiv I** wird vom Präsensstamm des Verbs gebildet. Sein Kennzeichen ist ein eingefügtes -e- (z. B.: *du kommest*). In vielen Formen lautet der Konjunktiv I wie der Indikativ, z. B.: *ich komme, wir kommen.*
Der **Konjunktiv II** wird vom Stamm des Präteritums gebildet. Bei den schwachen Verben unterscheiden sich die Konjunktiv-II-Formen im Präteritum nicht vom Präteritum des Indikativs. Bei den starken Verben wird der Konjunktiv durch einen **Umlaut** vom Präteritum unterschieden, z. B.: *ich sprach – ich spräche, ich trug – ich trüge;* wo das nicht möglich ist (z. B.: *ich rief – ich riefe*), lauten die 1. und 3. Person Plural im Konjunktiv II wie die Präteritum-Formen.

Konjugation der schwachen Verben, Beispiel: *suchen (suchte, gesucht)*

Indikativ		**Konjunktiv I**		**Konjunktiv II**	
Indikativ Präsens					
ich suche *du suchst* *er (sie, es) sucht*	*wir suchen* *ihr sucht* *sie suchen*	*ich suche* *du suchest* *er (sie, es) suche*	*wir suchen* *ihr suchet* *sie suchen*		
Indikativ Präteritum					
ich suchte *du suchtest* *er (sie, es) suchte*	*wir suchten* *ihr suchtet* *sie suchten*			*ich suchte* *du suchtest* *er (sie, es) suchte*	*wir suchten* *ihr suchtet* *sie suchten*

Konjugation der starken Verben, Beispiel: *tragen (trug, getragen)*

Indikativ		**Konjunktiv I**		**Konjunktiv II**	
Indikativ Präsens					
ich trage *du trägst* *er (sie, es) trägt*	*wir tragen* *ihr tragt* *sie tragen*	*ich trage* *du tragest* *er (sie, es) trage*	*wir tragen* *ihr traget* *sie tragen*		
Indikativ Präteritum					
ich trug *du trugst* *er (sie, es) trug*	*wir trugen* *ihr trugt* *sie trugen*			*ich trüge* *du trügest* *er (sie, es) trüge*	*wir trügen* *ihr trüget* *sie trügen*

Erkennbarkeit des Konjunktivs I – Ersatzformen
Immer erkennbar ist der Konjunktiv I nur in der 3. Person Singular (im Konjunktiv auf -e, im Indikativ dagegen auf -t).
Nur beim Verb *sein* sind alle Konjunktiv-Formen deutlich erkennbar:
ich sei, du seiest, er sei, wir seien, ihr seiet, sie seien.
Bei den Modalverben *müssen, können, dürfen, mögen, sollen, wollen* ist der Konjunktiv in allen Formen außer der 1. und 3. Person Plural erkennbar:
ich müsse, ich wolle, ich könne usw.

Es ist wichtig zu wissen, welche Konjunktiv-Formen nicht als solche erkennbar sind, weil man in diesem Fall **Ersatzformen** verwendet, und zwar den Konjunktiv II anstelle des Konjunktivs I, z. B.:
Er sagte, ich hätte Recht statt: *Er sagte, ich habe Recht.*

2 Das Gedicht Erich Kästners steht – als Gedankenexperiment – im Konjunktiv II.
Schreiben Sie es ab und setzen Sie für die Verben in Klammern die richtigen Formen ein.

Erich Kästner: **Trostlied im Konjunktiv** (1948)

Wär(e) ich ein Baum, *stünd(e)* ich droben am Wald.
(tragen) Wolke und Stern in den grünen Haaren,
(sein) mit meinen dreihundert Jahren
noch gar nicht sehr alt.

Wildtauben *(graben)* den Kopf untern Flügel.
Kriege *(reiten)* und *(klirren)* im Trab
querfeldein und über die Hügel
ins offene Grab.

(humpeln) Hunger vorüber und Seuche.
(kommen) und *(schmelzen)* wie Ostern und Schnee.
(liegen) ein Pärchen versteckt im Gesträuche
und *(tun)* sich süß weh.

(klingen) vom Dorf her die Kirmesgeigen.
Ameisen *(bringen)* die Ernte ein.
(hängen) ein Toter in meinen Zweigen
und *(schwingen)* das Bein.

(springen) die Flut und *(ersäufen)* die Täler.
(wachsen) Vergissmeinnicht zärtlich am Bach.
Alles *(vergehen)* wie Täuschung und Fehler
und Rauch überm Dach.

(sein) ich ein Baum, *(stehen)* ich droben am Wald.
(tragen) Sonne und Mond in den grünen Haaren.
(sein) mit meinen dreihundert Jahren
nicht jung und nicht alt.

3 Untersuchen Sie im folgenden Textausschnitt den Modusgebrauch.
a Markieren Sie alle Konjunktivformen.
b Überlegen Sie, welche Funktion die Konjunktivformen I oder II jeweils haben.

Gustave Flaubert: **Madame Bovary** (Auszug, 1856)

Vor der Hochzeit hatte sie geglaubt, sie liebe ihn; aber als das Glück, das aus dieser Liebe hatte entspringen sollen, ausblieb, dachte sie, sie müsse sich getäuscht haben. Und Emma suchte zu begreifen, was man denn eigentlich im Leben unter den Ausdrücken Glückseligkeit, Leidenschaft und Trunkenheit verstehe, die ihr in den Büchern so schön erschienen waren.

Manchmal dachte sie darüber nach, dass dies doch die schönsten Tage ihres Lebens seien, die Flitterwochen, wie man zu sagen pflegte. Um deren Süße zu kosten, hätte man wohl in jene Länder mit klangvollen Namen reisen müssen, wo die Tage nach der Vermählung ein süßes Nichtstun sind! [...] Wenn die Sonne untergeht, atmet man am Saum der Golfe den Duft der Zitronenbäume; dann verweilt man nachts auf einer Villenterrasse, ganz allein und mit verschlungenen Händen; man blickt zu den Sternen empor und schmiedet Pläne. Ihr schien, dass gewisse Gegenden auf Erden Glück hervorbrächten, wie eine Pflanze nur auf einem ihr gemäßen Boden gedeiht und anderswo kümmert. [...]

Vielleicht hätte sie all diese Dinge gern jemandem anvertraut, aber wie sollte man unfassbares Unbehagen in Worte kleiden, das sich in eine Wolke wandelte und davonwirbelte wie der Wind? Es fehlten ihr die Worte, die Gelegenheit, der Mut.

! TIPP: „würde“

Die Umschreibung mit „würde“ wird in der Alltagssprache häufig verwendet. In der Schriftsprache ist sie nur Ersatz für undeutliche oder ungebräuchliche Konjunktivformen:

- Wenn sowohl der Konjunktiv I als auch der Konjunktiv II mit dem Indikativ verwechselt werden könnte, kann die „würde“-Umschreibung als Ersatz für die Ersatzform dienen.
- Manche Konjunktivformen klingen ungewöhnlich und altertümelnd, z. B.: *ich schwömme, flöhe, begönne, hülfe.* Auch hier darf man „würde“ verwenden, also: *ich würde schwimmen, sie würde fliehen* usw.

Wenn der Konjunktiv II deutlich erkennbar ist, sollte man die „würde“-Umschreibung vermeiden, also *Wenn du wüsstest, könntest, hättest, wolltest ...* und nicht: *Wenn du wissen würdest, können würdest ...*

4 Bilden Sie aus den folgenden Satzfragmenten vollständige Sätze mit Konjunktivformen.
Machen Sie, wo es sinnvoll ist, von der Umschreibung mit „würde“ Gebrauch.

1. *Er weiß leider auch keinen Ausweg. Wenn er einen (wissen), er uns bestimmt (helfen).*
2. *Wir nehmen dich gern mit ins Kino. Wir es dir bestimmt (sagen), wenn wir lieber ohne dich (gehen).*
3. *Du mich anrufen (sollen), dann das nicht (passieren).*
4. *Wir fragten uns: Was sie (tun), wenn sie die Wahrheit (erfahren)?*
5. *Wenn sie das alles früher (wissen), sie sich anders (verhalten).*

2.4 Aktiv und Passiv

1 **a** Kreuzen Sie in der linken Spalte an: Aktiv (A) oder Passiv (P)? Wenn Sie unsicher sind, lesen Sie zuerst die unten gegebenen Erläuterungen zur Bildung und Funktion von Aktiv und Passiv.
b Ergänzen Sie in der rechten Spalte bei den Passiv-Formen, ob es sich um ein Vorgangspassiv (V) oder ein Zustandspassiv (Z) handelt.

	Aktiv	Passiv	V oder Z
1. *Die Schule wird zu ihrem Jubiläum ein Fest feiern.*			______
2. *Das Ereignis wird auf einem großen Plakat angekündigt.*			______
3. *Mehrere hundert Leute sollen eingeladen werden.*			______
4. *Die Gastgeber werden um einen Unkostenbeitrag bitten.*			______
5. *Die Gäste sind inzwischen eingeladen.*			______
6. *Sie sind um pünktliches Erscheinen gebeten worden.*			______
7. *Es wird ein großes Fest werden.*			______

! **Bildung und Funktion von Aktiv und Passiv**

Aktiv und Passiv geben Handlungen in verschiedener Sichtweise wieder, das Aktiv aus der Sicht des Handelnden, das Passiv aus der Sicht des Betroffenen.
Aktiv: *Der Rezensent kritisiert die Hauptdarstellerin.*
Passiv: *Die Hauptdarstellerin wird vom Rezensenten kritisiert.*

Das Passiv wird mit ***werden*** oder ***sein*** und dem ***Partizip II*** (= Partizip Perfekt) gebildet.
Kennzeichnet das Passiv einen **Vorgang** oder eine **Handlung,** wird es mit *werden* gebildet:
Der Antrag wird angenommen. (= Vorgangs- oder Handlungspassiv)
Kennzeichnet das Passiv dagegen einen **Zustand,** bildet man es mit *sein:*
Der Antrag ist angenommen. (= Zustandspassiv)

Beim Passiv kann der **Handlungsträger** genannt werden (z. B.: *vom Rezensenten*), häufig wird er aber nicht genannt, und das aus verschiedenen Gründen:
- Der Handlungsträger ist unwichtig oder vom Textzusammenhang her selbstverständlich, z. B.: *Das Geschäft wird um 20:00 Uhr geschlossen.*
- Er ist unbekannt, z. B.: *Das Fahrzeug wurde gestern in den frühen Abendstunden aufgebrochen.*
- Er wird bewusst verschwiegen, z. B.: *Es wurden schwere Vorwürfe vorgebracht.*
- Es gibt keinen eindeutigen personalen Träger, z. B.: *Der Obstgarten wurde neu angelegt.* In solchen Fällen wird häufig eine Aktiv-Formulierung mit *man* gewählt: *Man hat den Obstgarten neu angelegt.*

2 Formen Sie den folgenden Text an den Stellen, wo dies möglich ist, ins Passiv um. Lassen Sie dabei den Bezug auf den Handlungsträger („ich") weg. Arbeiten Sie auf einem gesonderten Blatt.

Wie lese ich einen schwierigen Text, dessen Inhalt ich genau verstehen muss?

Zuerst überfliege ich den Text. Dann lese ich ihn ein zweites Mal. Dabei unterstreiche ich Schlüsselwörter und besonders wichtige Aussagen. Ich gliedere den Text in Einleitung, Hauptteil und Schluss; ich kennzeichne diese Teile am Rand. Am Rand kann ich auch anmerken, wo es eine These, eine Definition oder ein Beispiel gibt. Auf diese Weise mache ich den Text übersichtlich. Es ist sehr nützlich, wenn ich die Hauptaussage eines jeden Abschnitts mit eigenen Worten in einem Satz zusammenfasse. Dadurch stelle ich sicher, dass ich nichts Wichtiges überlese. Wenn ich den Text so bearbeitet habe, behalte ich seinen Inhalt auch besser.

Passiv sinnvoll einsetzen

3 Erklären Sie, warum in folgenden Aussagen das Passiv verwendet wird.

1. *Verfahren zur Herstellung von Porzellan wurden schon vor ca. 3000 Jahren in China entwickelt.*
2. *Zuerst wird die Flüssigkeit auf 90 Grad erhitzt, dann auf –10 Grad abgekühlt.*
3. *Während der Französischen Revolution wurden viele Adlige mit der Guillotine hingerichtet.*

! **TIPP: Passiv vermeiden – Passiv funktional verwenden**

Das Passiv wirkt oft umständlich. Verwenden Sie es, wo es eine **Funktion** hat; falls nicht, sollten Sie Aktiv-Formulierungen bevorzugen.
Nützlich ist das Passiv in sachlichen Berichten, wo weniger die handelnden Personen im Vordergrund stehen als vielmehr die Handlung, der Vorgang oder das Ergebnis (z.B. im Protokoll). Da, wo der Handlungsträger unbekannt ist oder nicht genannt werden soll, muss das Passiv verwendet werden.

4 **a** Formen Sie die folgenden Sätze ins Aktiv um, wo dies möglich ist.
b Wenn Sie sich die fünf Sätze als Text vorstellen, kommen stilistische Fragen ins Spiel, nämlich der Wunsch, Dinge hervorzuheben, Anschlüsse zu betonen oder Gleichförmigkeit zu vermeiden. Überlegen Sie unter diesen Gesichtspunkten, wie Sie Aktiv- und Passiv-Formulierungen verteilen würden.

1. *Der Gestalt des Doktor Faustus wurden von Anfang an sagenhafte Züge zugesprochen.*

____

____

2. *Der Überlieferung nach wird von Faust Magie studiert, Hexerei betrieben und ein Pakt mit dem Teufel geschlossen.*

____

____

____

3. *Im Lauf der Jahrhunderte wurde das Motiv von Gelehrtenhochmut und Machtgier von vielen Autoren immer wieder variiert.*

____

____

____

____

4. *Von Goethe wurde der Faust-Stoff neu gestaltet.*

____

____

Alternativen zum Passiv verwenden

TIPP: Adjektiv statt Passiv

Es gibt verschiedene **Alternativen** zum Passiv, so die Adjektive auf *-bar, -lich, -abel:*
Was erklärt werden kann, ist erklärlich,
was man vertreten kann (oder jemand, der vertreten werden kann), ist vertretbar,
etwas, über das nicht diskutiert werden kann (weil es nicht infrage kommt), ist indiskutabel.

5 Ergänzen Sie die folgenden Sätze. Drücken Sie dabei das Passiv mithilfe eines Adjektivs aus.

1. *Hindernisse, die nicht überwunden werden können, sind* ______________________.
2. *Ein Richter, der bestochen werden kann, ist* ______________________.
3. *Eine Entschuldigung, die akzeptiert werden kann, ist* ______________________.
4. *Ein Gefühl, das nicht beschrieben werden kann, ist* ______________________.

TIPP: Modalverb + Infinitiv statt Passiv

Eine Passiv-Form in Verbindung mit einem Modalverb lässt sich ersetzen:

Aus dieser Aussage	*muss geschlossen werden, dass X dem Vorschlag zustimmt.*
	muss man schließen
	ist zu schließen
Aus dieser Aussage	*darf nicht geschlossen werden, dass X dem Vorschlag zustimmt.*
	ist nicht zu schließen
Aus dieser Aussage	*kann (nicht) geschlossen werden, dass X dem Vorschlag zustimmt.*
	kann man (nicht) schließen
	lässt sich (nicht) schließen

6 Ersetzen Sie die Passiv-Formulierungen durch alternative Formulierungen.

1. *Die Hausordnung muss von allen Hausbewohnern beachtet werden.*

____

2. *Ohne Sigmund Freud kann die moderne Psychologie nicht verstanden werden.*

____

____

3. *Die Schwierigkeiten eines Psychologiestudiums dürfen nicht unterschätzt werden.*

____

____

4. *Bei diesem Text können charakteristische Stilmerkmale des Expressionismus erkannt werden.*

____

____

2.5 Sätze überarbeiten, Satzbaufehler vermeiden

Grammatisch richtig gebaute Sätze sind eine Vorbedingung dafür, dass das, was Sie sagen wollen, vom Leser verstanden und ohne Mühe aufgenommen wird. Damit ein guter Text entsteht, sollten Sie Ihre Sätze klar strukturieren, logisch aufeinander beziehen und sprachlich richtig verknüpfen. Wenn Sie die Satzglieder und Satzarten mit Ihren jeweiligen Möglichkeiten durchschauen, können Sie Ihre Sätze besser überarbeiten.

Die Satzglieder kennen

1 **a** Bestimmen Sie die Satzglieder des folgenden Satzes. Wenn Sie unsicher sind, machen Sie die Frageprobe (s.u.).

Lessing *verurteilt* *den* *sittenlosen* *Adel* *scharf.*

___

b Reduzieren Sie den Satz mithilfe der Weglassprobe (→ S.17) auf die notwendigen Satzglieder.

___

c Erweitern Sie den Ausgangssatz um ein weiteres Attribut (z.B. einen Relativsatz).

___

___

___

! **Satzglieder**

Die Grundbausteine eines Satzes sind die Satzglieder **Subjekt, Prädikat, Objekt** und **adverbiale Bestimmung.** Sie lassen sich durch Proben ermitteln:

- Satzglieder übernehmen bestimmte Funktionen im Satz. Sie bestehen aus Wörtern oder Wortgruppen, die bei der **Umstellprobe** (Verschiebeprobe) in geschlossener Stellung (zusammenhängend) erhalten bleiben. In einem Aussagesatz bleibt z.B. die Personalform des Verbs (flektierter Teil des Prädikats) immer an zweiter Satzgliedstelle (Prädikatskern) stehen.
- Um welche Art von Satzgliedern es sich jeweils handelt, können Sie mithilfe der **Frageprobe** ermitteln. Dabei stellen Sie ausgehend vom Prädikat Fragen:

Frageprobe	Satzglied	Beispiel
Wer oder was?	Subjekt	*Wer verurteilt den Adel? – Lessing verurteilt ihn.*
Wen oder was?	Akkusativobjekt	*Wen verurteilt Lessing? – Er verurteilt den Adel.*
Wem?	Dativobjekt	*Wem wirft er Sittenlosigkeit vor? – Er wirft dem Adel Sittenlosigkeit vor.*
Wessen?	Genitivobjekt	*Wessen ist der Adel sich nicht bewusst? – Er ist sich seiner sozialen Verantwortung nicht bewusst.*
Über wen oder was? Auf wen oder was? Für wen oder was? usw.	Präpositionalobjekt	*Für wen schreibt Lessing? – Er schreibt für ein bürgerliches Publikum.*
Wo? Wann? Warum? Wie? Mit welcher Folge? usw.	Adverbiale Bestimmung	*Wo verurteilt Lessing den Adel? – Er verurteilt ihn in seinen Dramen.*

- Neben dem Prädikat, den Ergänzungen Subjekt und Objekt sowie den adverbialen Bestimmungen gibt es noch eine weitere Gruppe von Satzgliedern: die **Prädikative.** Sie hängen meist von einem Verb ab und stehen in enger Beziehung zum Subjekt oder Akkusativobjekt des Satzes, z.B.:
  Karin wird Ingenieurin. (Gleichsetzungsnominativ)
  Sie schimpfte ihn einen Hanswurst. (Gleichsetzungsakkusativ)
  Gleichsetzungsnominative sind Ergänzungen zu den Verben *sein, werden, bleiben, scheinen* und *heißen.*
  Gleichsetzungsakkusative ergänzen Verben wie *nennen, schelten, schimpfen, schmähen, heißen, taufen, bilden* und *bedeuten.*
- Satzglieder können durch **Attribute** erweitert werden: *den sittenlosen Adel.*
  Attribute gehören fest zu ihren Bezugswörtern und richten sich nach deren Genus, Kasus und Numerus. Attribute können durch Relativsätze ersetzt werden: *Den Adel, der sittenlos ist, verurteilt Lessing.*
- Subjekt, Objekt und adverbiale Bestimmung können durch **Gliedsätze** (→ S. 20 f.) ersetzt werden:

  Subjekt: *Morddrohungen sind ihm zu Ohren gekommen.*
  Subjektsatz: *Ihm ist zu Ohren gekommen, dass man ihn umbringen will.*

  Objekt: *Er ahnt seinen baldigen Tod.*
  Objektsatz: *Er ahnt, dass er bald sterben wird.*

  Adverb. Best.: *Am Abend ruft er seine Anhänger zusammen.*
  Adverbialsatz: *Als es Abend wird, ruft er seine Anhänger zusammen.*
- Mit der **Weglassprobe** reduzieren Sie Sätze auf die notwendigen Satzglieder. So können Sie ermitteln, ob ein Satzglied (syntaktisch) erforderlich ist oder als freies Satzglied weggelassen werden kann. Beachten Sie: Transitive Verben z.B. fordern ein Akkusativobjekt, intransitive nicht. Beispiele:
  Containerschiffe befördern Güter in großen Mengen. → Containerschiffe befördern Güter.
  Die Schiffe fahren schwer beladen auf Rhein und Donau. → Die Schiffe fahren.

2 **a** Umkreisen und bestimmen Sie in den nachfolgenden Sätzen die Satzglieder.
Nutzen Sie gegebenenfalls die Frageprobe und die Umstellprobe (→ S. 16).

1. Niemand beherrscht alle Regeln.

   Subj. ___________________________

2. Traut ihr den Versprechungen der Werbung?

   ____

3. Die Polizei verfolgt Raser auf Motorrädern.

   ____

b Satz 3 ist doppeldeutig. Begründen Sie, warum.

____

____

____

c Prüfen Sie, wie sich die Anordnung der Satzglieder in Satz 3 auf den Sinn des Satzes auswirkt.
Stellen Sie die Satzglieder so um, dass sich eine eindeutige Lesart ergibt.

____

____

____

Kongruenzbeziehungen überprüfen

Ein häufiger Fehler im Bereich der Grammatik betrifft die **Kongruenz** innerhalb eines Satzes bzw. eines Textes. Kongruenz bedeutet „Übereinstimmung". Damit ist gemeint, dass einzelne Teile grammatisch zusammenpassen müssen, z.B. die Endungen von Artikel oder Adjektiv und zugehörigem Nomen (Kasus-Kongruenz) oder Subjekt und Prädikat, die entweder beide im Singular oder beide im Plural stehen müssen (Numerus-Kongruenz). Bei unübersichtlichen Sätzen muss man hier besonders aufmerksam sein.

3 Tragen Sie gedanklich in die Lücke des nachfolgenden Satzes nacheinander jede der Wortgruppen A bis D ein und achten Sie dabei auf die Kongruenz.

A *dieses wichtige Ereignis* B *ein wichtiges Ereignis* C *diese wichtigen Ereignisse* D *wichtige Ereignisse*

Die Wirkung ______ erkennt man oft nicht sofort.

4 Ergänzen Sie in den nachfolgenden Sätzen die grammatisch korrekten Endungen.

Der Montblanc gehört zu den Alpen, ein______ der größten Bergmassive Europas.

Das Porträt zeigt eine junge Frau mit verschränkten Armen und skeptisch______ Blick.

Auch ein Großteil der mit den Vorarbeiten befassten Fachleute kritisier______ das Vorhaben.

Die Kernspintomografie nutzt die Möglichkeiten neuest______ bildgebende______ Verfahren.

! **TIPP: Kongruenz von Subjekt und Prädikat**

Die Grundregel lautet:
(1) Subjekt und Prädikat (→ S.16) müssen im Numerus übereinstimmen.

Für Sonderfälle gibt es Zusatzregeln:
(2) Bei einer Aufzählung von mehreren Subjekten im Singular steht das Prädikat im Plural.
(3) Bei Mengenangaben bestimmt der Numerus des Subjektkerns das Prädikat.
(4) Wenn es Subjekte mit unterschiedlichem Numerus gibt, so richtet sich die Personalform des Prädikats (→ S.16) meist nach dem Subjekt, das dem Prädikat am nächsten steht.

5 **a** Überprüfen Sie in den folgenden Sätzen die Übereinstimmung von Subjekt und Prädikat und ergänzen Sie die richtige Personalform des Verbs im Präsens, wo nicht anders angegeben.
b Ordnen Sie den Sätzen die passende Regel aus dem obigen Tipp-Kasten zu.

Ein großer Pulk von Menschen steht *vor dem Eingang.* (3) *(stehen)*

Das Fernsehen und die Presse ______ natürlich auch da. (__) *(sein)*

Nicht nur die Medien, sondern auch die Bevölkerung ______ die Diskussion mit großer Spannung. (__) *(verfolgen)*

Fast jeder der Anwesenden ______ in irgendeiner Weise betroffen. (__) *(sein)*

Vor wenigen Tagen ______ eine Reihe von Berechnungsfehlern bekannt. (__) *(werden,* Prät.*)*

Ein Großteil der Experten ______ die Pläne trotzdem. (__) *(befürworten)*

Er vertrat Werte, deren Einfluss noch heute unübersehbar ______. (__) *(sein)*

! TIPP: Appositionen im Kasus anpassen

Appositionen sind besonders fehlerträchtig. Als nachgestellte Attribute verlangen sie den gleichen Kasus wie das Bezugswort, z. B.: *Wir sprachen mit einem Fachmann, dem Architekten Müller.* (Apposition im Dativ)

6 Formen Sie die Erläuterungen in Klammern zu **Appositionen** um.
Denken Sie daran, dass eine Apposition als Einschub in Kommas eingeschlossen wird (→ S. 25).

Mit dem Haiku wählt der Autor die kürzeste Gedichtform der Weltliteratur.

(Das Haiku ist eine Form der japanischen Lyrik.)

Mit dem Haiku, ____________________

____

Die Kürze und die strenge Form zwingen zur knappen und pointierten Formulierung.

(Es handelt sich um eine festgelegte Abfolge aus 5–7–5 Silben.)

____

____

Diese Gedichtform aus dem 17. Jahrhundert wurde auch von einigen westlichen Dichtern gepflegt.

(Das 17. Jahrhundert war die Blütezeit des Haiku in Japan.)

____

____

! TIPP: Kongruenz bei Prädikativen

Prädikative (→ S. 17) beziehen sich entweder auf das Subjekt des Satzes oder auf ein Akkusativobjekt.

– In Kongruenz zum Subjekt steht der **Gleichsetzungsnominativ,** der die Verben *sein, werden, bleiben, scheinen* und *heißen* ergänzt, z. B.:
  Er heißt Karl-Heinz. *Sie ist Primaballerina.*
– In Kongruenz zum Akkusativobjekt steht der **Gleichsetzungsakkusativ,** der auf Verben wie *nennen, schelten, schimpfen, schmähen, heißen, taufen, bilden* oder *bedeuten* folgt, z. B.:
  Man heißt ihn einen Dummkopf. *Evelyn nannte ihn stets ihren Liebling.*

Achten Sie bei der Überprüfung der Kongruenz auf Kasus und Numerus.

7 Überprüfen Sie die Kongruenz in den beiden folgenden Sätzen. Tragen Sie das betreffende Nomen sowie dessen Numerus in die Lücke ein. Kreuzen Sie an, welche Kongruenz gelungen und welche fehlerhaft ist.

Diese Studie über Freizeitsportarten bleibt ein wegweisender Beitrag zur Einschätzung des Freizeitverhaltens.

Kongruenz:
richtig falsch

Subjekt: ____________ Gleichsetzungsnominativ: ____________

Wir heißen allzu oft Menschen einen armen Teufel.

Akkusativ: ____________ Gleichsetzungsakkusativ: ____________

Satzstrukturen durchschauen: Satzreihe und Satzgefüge

8 Unterstreichen Sie in den folgenden Satzgefügen den Hauptsatz.

Er kauft das Buch, das im Schaufenster liegt, um es seiner Freundin zu schenken.

Dass sie fliehen müssen, wissen sie schon lange, weil man sie gewarnt hat.

! **Haupt- und Nebensätze**

Sätze werden nach ihrer Bauform in **Hauptsatz** (HS) und **Nebensatz** (NS) unterschieden.
Der Hauptsatz ist ein selbstständiger Satz, während der Nebensatz immer von einem Hauptsatz abhängt.
Im Hauptsatz steht die Personalform des Verbs (→ S. 16) an zweiter Satzgliedstelle, im Nebensatz an letzter Stelle.

- Die Verbindung mehrerer Hauptsätze zu einem Gesamtsatz heißt **Satzreihe** (Parataxe).
  Eine Satzreihe kann durch nebenordnende Konjunktionen wie *und, oder, aber* verbunden werden.
- Die Verbindung von Haupt- und Nebensatz (Hypotaxe) nennt man **Satzgefüge.**
  Nebensätze werden meist durch unterordnende Konjunktionen (z. B. *weil, obwohl, dass, ob*) oder Relativpronomen eingeleitet. Sie können in einen Hauptsatz eingebettet sein.
  Ein Hauptsatz kann mehrere Nebensätze haben.

Das Durchschauen von Satzstrukturen ist wichtig für die Zeichensetzung (→ S. 23–27).

Gliedsätze richtig rückbeziehen

9 Formen Sie die folgenden Sätze in stilistisch elegantere Adverbialsätze um.
Wählen Sie dazu eine geeignete Konjunktion.

Aufgrund der Wahl der Ich-Form durch die Autorin entsteht zunächst der Eindruck einer Autobiografie.

___

___

Trotz geringer Glaubhaftigkeit der Geschichte insgesamt ist das Buch doch sehr spannend zu lesen.

___

___

! **Adverbial- und Inhaltssätze**

Nebensätze können bestimmte Stellen im übergeordneten Hauptsatz besetzen. Treten sie an die Stelle eines Attributs, nennt man sie Attributsatz oder Relativsatz. Treten Sie an die Stelle eines Satzglieds (→ S. 16 f.), nennt man sie **Gliedsatz.** Man unterscheidet je nach der Funktion eines Gliedsatzes zwischen Adverbial-, Subjekt- oder Objektsatz. Subjekt- und Objektsätze werden auch als Inhaltssätze bezeichnet.

Arten von Adverbialsätzen

Funktion	**einleitende Konjunktionen (Auswahl)**
Temporalsatz (Zeit)	*als, nachdem, bevor, während (gleichzeitig: in der Zeit, in der), bis, solange, ehe*
Kausalsatz (Begründung)	*da, weil*
Konditionalsatz (Bedingung)	*wenn (= falls), sofern*

Konsekutivsatz (Folge)	*sodass, so (im HS) – dass, ohne dass*
Konzessivsatz (Einräumung, nicht ausreichender Gegengrund)	*obwohl, obschon, wenngleich, wenn auch, wenn schon*
Modal-/Instrumentalsatz (Art, Umstand, Möglichkeit des Zustandekommens)	*indem, dadurch (im HS) – dass, insofern (im HS) – als, damit (im HS) – dass*
Finalsatz (Zweck, Absicht)	*damit, dass, auf dass*
Komparativsatz (Vergleich)	*als ob, je – desto, als (wie) wenn, so – wie*
Adversativsatz (Entgegensetzung, Gegensatz von Erwartung und Wirklichkeit)	*ohne dass, anstatt dass, während (= wohingegen)*

Inhaltssätze sind Gliedsätze, die den Inhalt dessen angeben, was man *weiß, vermutet, hofft,* was *klar* oder *unklar* ist usw. Sie stehen bei Verben des Sprechens sowie der sinnlichen oder geistigen Wahrnehmung oder Tätigkeit. Im Satz übernehmen sie die Rolle des Subjekts oder des Objekts.

- **Subjektsatz:** *Dass sie fliehen müssen, ist ihnen klar.* (Wer oder) was ist ihnen klar?
- **Objektsatz:** *Sie wissen, dass sie fliehen müssen.* (Wen oder) was wissen sie?

Das Subjekt kenntlich machen

10 Infinitivgruppen beziehen sich immer auf das Subjekt des Hauptsatzes. Überprüfen Sie den Bezug der Infinitiv- oder Partizipgruppe zum Subjekt des Hauptsatzes. Formulieren Sie den Teilsatz so um, dass dieser Bezug stimmt.

1. *Bei dieser Lösung bleibt Ihr Garten schön, ohne viel Zeit in seine Pflege investieren zu müssen.*

____

____

2. *Mit vielen Rechtschreibfehlern behaftet, konnte der Autor sein Manuskript nicht dem Verlag anbieten.*

____

____

! **Satzwertige Konstruktionen**

Infinitiv- und **Partizipkonstruktionen** leisten – ohne Subjekt und ohne finites Verb – das Gleiche wie vollständige Nebensätze. Beim Formulieren muss der inhaltliche Bezug zum Hauptsatz bedacht werden.
Achten Sie darauf, dass Ihre Sätze nicht mehrdeutig werden.
Also nicht: *Wir tun alles für Sie, um reich und glücklich zu werden.*
Sondern: *Wir tun alles für Sie, damit Sie reich und glücklich werden.*

11 **a** Um welche Typen von Satzgefügen handelt es sich hier?
Tragen Sie hinter den Sätzen die passenden Bestimmungsmerkmale ein.

Bestimmungsmerkmale:

A HS, Relativsatz
B Adverbialsatz (konditional), HS
C HS, Infinitivsatz
D HS, Adverbialsatz (kausal)
E Objektsatz, HS
F HS, Objektsatz
G Infinitivsatz, HS
H Subjektsatz, HS

(1) Ein Mangel an Lesekompetenz bedeutet weit mehr, als einfach nur ein paar Schwierigkeiten mit gewissen Texten zu haben. ___ *(2) Es bedeutet, dass man tief greifende Lernprobleme bekommt.* ___ *(3) Mit der Lesekompetenz hat die PISA-Studie eine kulturelle Schlüsselqualifikation aufgegriffen, die eine Vielzahl an Fähigkeiten und Qualifikationen meint.* ___ *(4) Lesenlernen ist ein grundlegender Prozess, da er für fast jedes Weiterlernen unverzichtbar ist.* ___ *(5) Wenn man es so versteht, geht es beim Thema Lesenlernen auch um die Entwicklung unserer Lernfähigkeit.* ___ *(6) Dass durch die Vermittlung von Lesestrategien wirklich Erfolge erzielt werden können, sollte nicht nur die Leseforscher interessieren.* ___

b Finden Sie für mindestens zwei Sätze eine alternative Verknüpfung.

2.6 Grammatikfehler diagnostizieren – Trainingstext

Wenn Sie die Minimalgrammatik auf den Seiten 5 bis 22 durchgearbeitet haben, sollten Sie den folgenden Text ohne Schwierigkeiten überarbeiten und verbessern können.

1 **a** Fast alle der folgenden Sätze enthalten Fehler. Markieren Sie diese und notieren Sie auf einem gesonderten Blatt, um welche Fehlerart (→ S. 3) es sich handelt. Schreiben Sie die richtige Form auf.
b Gleichen Sie Ihre Ergebnisse mit den Lösungen ab. Falls Sie Fehler übersehen haben, sollten Sie die betreffenden Seiten erneut durcharbeiten.

(1) Sprache ist ein besonders ausgefeiltes Kommunikationssystem. (2) Die Übertragung von Schallwellen können das Verhalten der Menschen entscheidend beeinflussen. (3) Trotz der vielen unterschiedlichen Sprachen funktioniert der Vorgang im Prinzip immer gleich, weil es handelt sich um eine ähnliche Form des Informationsaustauschs. (4) Man nimmt an, dass die Entwicklung der Sprache, dieses wichtige Mittel der Kommunikation, vor einer Million Jahren begonnen hatte. (5) Damit schafften sich Menschen die Möglichkeit, Wissen und Meinungen untereinander zu übermitteln. (6) Die Schrift ermöglichte den Individuen große Fortschritte, um die Informationen zu speichern. (7) Humboldt hat behauptet, mit der Schrift wird der Mensch erst zum Menschen.

3 Zeichensetzung

Satzzeichen gliedern Sätze und Texte, indem sie zeigen, was zusammengehört. Beim Sprechen gliedern wir unsere Rede durch Pausen und Betonung. Beim schriftlichen Text übernehmen Satzzeichen diese Funktion. Sie erleichtern es dem Leser/der Leserin, Sätze gleich beim ersten Lesen so zu verstehen, wie der/die Schreibende sie gemeint hat.

Manchmal sind Kommas erforderlich, um Missverständnisse zu vermeiden. Der folgende Satz hat keine Zeichen. Probieren Sie aus, was gemeint sein könnte, indem Sie ihn halblaut lesen:

Laura meine Schwester und ich gehen heute ins Kino.

Sie haben sicher gemerkt, dass je nach Betonung (und je nach Kommasetzung) entweder zwei oder drei Kinokarten benötigt werden, weil Laura entweder eine Freundin oder die Schwester sein kann:

Laura, meine Schwester und ich gehen heute ins Kino. (drei Personen: Aufzählung)

Laura, meine Schwester, und ich gehen heute ins Kino. (zwei Personen: *meine Schwester* ist Apposition zu *Laura*)

Häufiger als um das Vermeiden von Missverständnissen geht es aber darum, dem Leser beim Lesen eines ihm unbekannten Textes Unsicherheiten zu ersparen, die seinen Unwillen hervorrufen würden.

1 **a** Der folgende Text ist nur durch Punkte (Satzschlusszeichen) gegliedert. Versuchen Sie, ihn – am besten halblaut – flüssig zu lesen.
b Setzen Sie die fehlenden Zeichen.
c Lesen Sie den Text erneut halblaut.
d Gleichen Sie Ihre Lösung mit der Originalversion des Textes ab, die Sie im Lösungsheft finden.

Günter Kunert: **Die Schreie der Fledermäuse** (Auszug, 1974)

Während sie in der Dämmerung durch die Luft schnellen hierhin dorthin schreien sie laut aber ihr Schreien wird nur von ihresgleichen gehört. Baumkronen und Scheunen verfallende Kirchtürme werfen ein Echo zurück das sie im Fluge vernehmen und das ihnen meldet was sich an Hindernissen vor ihnen erhebt und wo ein freier Weg ist. Nimmt man ihnen die Stimme finden sie keinen Weg mehr überall anstoßend und gegen Wände fahrend fallen sie tot zu Boden. Ohne sie nimmt was sonst sie vertilgen überhand und großen Aufschwung das Ungeziefer.

! **TIPP: Gefühl und Regelkenntnis**

Wenn Sie beim **Überarbeiten eigener Texte** die Stellen prüfen, an denen Sie beim halblauten Lesen eine kleine Pause machen würden, haben Sie gute Chancen, an den richtigen Stellen „nach Gefühl" sinnvolle Zeichen zu setzen. Aber es gibt Konventionen, also Regeln, von denen der Leser oder die Leserin zu Recht erwartet, dass sie beachtet werden.

Darum gilt: **Kombinieren Sie beim Schreiben Gefühl und Regelkenntnis,** um die Satzzeichen so einzusetzen, dass sie das Lesen erleichtern.

3.1 Die drei Grundregeln der Kommasetzung

Das Komma dient als Lesehilfe; es ist Pausenzeichen und verdeutlicht die grammatische Gliederung des Satzes.

Drei Grundregeln

Grundregel 1: Das Komma trennt Hauptsätze oder Haupt- und Nebensätze voneinander.
Grundregel 2: Das Komma trennt in einem Satz alles ab, was den normalen Ablauf unterbricht, also Einschübe, Voranstellungen und Nachträge.
Grundregel 3: Das Komma trennt die Glieder einer Aufzählung voneinander.

TIPP: Komma bei Haupt- und Nebensätzen

Für die **Kommasetzung nach Grundregel 1** ist es wichtig, dass Sie den **Satzbau** (→ S. 20 f.) durchschauen.

Das Komma trennt in einer **Satzreihe** die Hauptsätze voneinander. Oft sind die Sätze in der Satzreihe durch nebenordnende Konjunktionen (z. B.: *denn, aber*) verbunden.
Komma möglich: Sind Hauptsätze durch die nebenordnenden Konjunktionen *und, oder, bzw., entweder ... oder, nicht ... noch* oder durch *weder ... noch* verbunden, kann man aus Gründen der Lesefreundlichkeit ein Komma setzen, muss es aber nicht.
Ob es sich um vollständige Sätze handelt, können Sie prüfen, indem Sie die Subjekte und Prädikate (→ S. 16) bestimmen, z. B.:
Die Musik wird leiser, das Spiel beginnt.

Analyse: Jeder Teilsatz hat ein Subjekt und ein Prädikat; das Prädikat steht an zweiter Stelle, also handelt es sich hier um eine Satzreihe.

Das Komma trennt in einem **Satzgefüge** Hauptsatz und Nebensatz voneinander.
Der Nebensatz kann voran- oder nachgestellt oder eingeschoben sein.
Mit Komma: Nebensätze werden in der Regel durch eine unterordnende Konjunktion (z. B.: *weil, indem, sofern, falls*) oder ein Relativpronomen (z. B.: *der, die, das, welcher, welche, welches*) eingeleitet, vor der oder dem immer ein Komma steht, z. B.:
Sie verhält sich so, weil sie nichts von diesen Plänen weiß.
Vor dem Haus steht Lena, die nichts Böses ahnt.

Ist der Nebensatz in den Hauptsatz **eingeschoben,** darf man das **zweite Komma** nicht vergessen, z. B.:
Lena, die nichts von diesen Plänen weiß, geht ahnungslos auf ihn zu.

Hinweis: Werden unpersönliche Wendungen mit es (z. B.: *Es ist schade, dass ...; Es stimmt, dass ...*) im Hauptsatz nachgestellt, entfällt das Personalpronomen *es* meist. Das Komma muss dennoch stehen, z. B.:
Es ist ungewöhnlich, wie Schlink im „Vorleser“ das Thema NS-Vergangenheit behandelt. HS , NS
Wie Schlink das Thema NS-Vergangenheit im „Vorleser“ behandelt, ist ungewöhnlich. NS , HS
Nebensätze auf gleicher Ebene, die durch *und* verbunden sind, werden nicht durch Kommas abgetrennt, z. B.:
Er weiß, dass sie in Hamburg wohnt und (dass) ihre Eltern aus Schleswig-Holstein stammen.

1 Unterstreichen Sie die Hauptsätze und setzen Sie die Kommas.

1. Wenn das Wetter schön ist und man im Freien sitzen kann treffen wir uns oft in der Stadt.
2. Es gibt mehrere Lokale die im Sommer ihre Tische auf die Straße stellen.
3. Viele Leute die vom Einkaufen kommen ruhen sich gern bei einem Eis oder einer Cola aus.
4. Es gibt einige Cafés die kleine warme Gerichte anbieten und man kann sofern es nicht regnet draußen sitzen.
5. Das Café Berlin ist besonders beliebt denn es liegt zentral und ist nicht zu teuer.
6. Ein paar Häuser weiter gibt es das Parlando das über einen kleinen Biergarten verfügt.
7. Dass es in diesem Café oft Livemusik gibt und dass man dort auch draußen sitzen kann sind Vorteile die das Café Berlin nicht hat.

! **TIPP: Eingeschobene Nebensätze**

Das Komma, das einen eingeschobenen Nebensatz abschließt, muss auch vor *und* gesetzt werden, z. B.:
Sie glaubt, dass der Graf sie betrügt, und will nun die Wahrheit wissen.

2 Unterstreichen Sie die Konjunktionen und Relativpronomen, die die sechs Nebensätze im folgenden Text einleiten. Setzen Sie alle notwendigen Kommas.

Günter Kunert: **Fahrt mit der S-Bahn** (Auszug, 1968)

Nur die Namen unterscheiden die Stationen deren Gleichartigkeit die Leute einfärbt dass sie sich auf einmal kaum noch unterscheiden lassen. Und weil sie das wissen halten sie während der Fahrt die Blicke hinter Zeitungen verborgen oder senken sie auf den Boden der sich ständig fortbewegt. Man weiß wie man selber aussieht und man erspart sich in den lebenden Spiegel gegenüber zu glotzen der bloß während der Fahrt einer ist.

! **TIPP: Einschübe, Voranstellungen, Nachträge**

Um die **Kommasetzung nach Grundregel 2** richtig anzuwenden, müssen Sie sich klarmachen, was Satzglieder (→ S. 16–17) und was Einschübe (Appositionen), Voranstellungen und Nachträge sind, z. B.:

- **Einschub** (zwei Kommas), z. B.: *In der zweiten Szene betritt Julia, Marcels Schwester, die Bühne.*
- **Ausruf als Voranstellung,** z. B.: *Entschuldigung, ich habe eine Frage.*
- **Hervorhebung durch Voranstellung des Objekts mit dessen anschließender Wiederaufnahme durch ein Pronomen,** z. B.: *Diesen Film, den werde ich nicht so schnell vergessen.*
- **Erläuterung durch Nachtrag:** *Wir kommen am Sonntag, und zwar gegen 23 Uhr.*

Nachgestellte Erläuterungen werden häufig mit Ausdrücken wie z. B.: *d. h., und zwar, und das, also, vor allem, besonders, insbesondere, nämlich, genauer, z. B., zumindest* eingeleitet.
Einen Einschub und einen Nachtrag kann man – statt durch Kommas – auch durch **Gedankenstriche** kennzeichnen; das bewirkt eine stärkere Hervorhebung.

Achtung: Lange Subjekte (→ S. 16), Attribute (→ S. 17) oder adverbiale Bestimmungen (→ S. 16) werden **nicht** durch ein Komma abgetrennt, z. B.:
Die in den früheren Jahren erschienenen Romane der Autorin behandeln andere Themen.
In den früher erschienenen Romanen der Autorin geht es um andere Themen.
Fontane übt in seinem 1888 erschienenen Roman Kritik am Standesdenken seiner Zeit.

3 Trennen Sie Einschübe, Voranstellungen und Nachträge durch Komma vom Rest des Satzes.

Zugegeben sein Verhalten wirkt zunächst befremdlich.

Trotz der zu erwartenden Hitze fahren wir im August in den Süden und zwar in die Provence.

Nächste Woche vielleicht auch erst übernächste fahren wir los.

In langen Sommerferien lese ich gern dicke Bücher z. B. historische Romane wie den „Medicus“.

4 Trennen Sie Einschübe und Nachträge durch Gedankenstriche ab.

Beim Hören von Musik werden unabhängig vom jeweiligen Hörer auch die motorischen Zentren im Gehirn aktiviert. Es ist geradezu ein Zwang, sich beim Musikhören zu bewegen und wenn es nur ein Finger ist. Größere Ansammlungen einzelner Menschen lassen sich mit rhythmischer Musik gleichgültig ob mit Techno oder mit Karnevalsschlagern ganz schnell zu einer Einheit zusammenschweißen.

! **TIPP: Aufzählung mit und ohne Komma**

Bei der **Kommasetzung nach Grundregel 3** muss man beachten, ob die Glieder einer Aufzählung von Wörtern, Wortgruppen oder Teilsätzen durch nebenordnende Konjunktionen (z.B.: *und/oder, sowie, bzw., weder ... noch, sowohl ... als auch, entweder ... oder*) verbunden sind. Denn dann steht kein Komma. In allen anderen Fällen wird es gesetzt.

- **Ohne Komma:** *Das Dokument enthält Daten und Fakten sowie persönliche Zeugnisse.*
- **Mit Komma:** *Das Dokument enthält Daten, Fakten, persönliche Zeugnisse.*

Aber: Ein Komma setzt man vor so genannten adversativen Konjunktionen, die einen Gegensatz ausdrücken (z.B.: *sondern, aber, jedoch, vielmehr*) und vor anreihenden Konjunktionen (z.B.: *einerseits ... andererseits, halb ... halb, teils ... teils*).

- **Mit Komma:** *Das Dokument enthält Daten und Fakten, aber auch persönliche Zeugnisse.*

5 **a** Ergänzen Sie die fehlenden Kommas.
b Unterstreichen Sie die Konjunktionen, die ein Komma zwischen den aufgezählten Elementen erforderlich machen, und umkreisen Sie Konjunktionen, die ohne Komma stehen.

Paris ist das politische wirtschaftliche sowie kulturelle Zentrum Frankreichs. Es beherbergt etwa 160 Museen 200 Kunstgalerien und ungefähr 100 Theater. Es gibt prächtige Avenuen mit eleganten Cafés und Geschäften aber auch schattige Plätze verwinkelte Gassen und malerische ein bisschen verfallene Häuser. Berühmt sind Bauwerke wie die Kathedrale Notre-Dame oder der Arc de Triomphe und natürlich der Eiffelturm.

Wir haben jedoch weder den Eiffelturm noch den Louvre besucht sondern sind tagsüber einkaufen und abends ins Kino gegangen. Es wurde ein englischer bzw. angloamerikanischer Film gezeigt. Einerseits kann ich das verstehen andererseits finde ich, dass man doch auch die für eine Stadt typischen Sachen ansehen sollte. Allerdings muss man nicht nur für den Eiffelturm sondern auch für den Louvre oder die Sainte-Chapelle ein bisschen Schlangestehen in Kauf nehmen.

! **TIPP: *„ein neuer französischer Film“***

Adjektive bilden manchmal mit dem folgenden Nomen eine **begriffliche Einheit;** wenn diese durch ein weiteres Attribut näher erläutert wird, handelt es sich nicht um eine Aufzählung und es steht kein Komma, z.B.: *eine komplizierte mathematische Formel.* Gemeint ist, dass die mathematische Formel kompliziert ist, und nicht etwa, dass die Formel 1. kompliziert und 2. mathematisch ist.

6 Prüfen Sie, ob es sich bei den Adjektiven um eine Aufzählung handelt, und setzen Sie die fehlenden Kommas.

Angesichts der allgemeinen politischen Lage hörten wir mehrmals täglich Nachrichten.

Jacques Brel war ein berühmter belgischer Chansonnier.

Es handelt sich um ganz moderne hoch komplizierte Untersuchungen.

Immer raffiniertere bildgebende Verfahren machen die Wirkung von Musik im Gehirn sichtbar.

Die auffälligen weißen Streifen sieht man schon von Weitem.

Die französische Hauptstadt beherbergt eine Vielzahl sehenswerter kirchlicher und weltlicher Bauwerke.

Die Sendung begann mit eigenartigen auf- und abschwellenden Trommelklängen.

Fontanes Roman „Mathilde Möhring“ handelt vom sozialen Aufstieg eines armen kleinbürgerlichen Mädchens.

Es geht dem Autor sowohl um Realität als auch um die Darstellung einer höheren exemplarischen Wahrheit.

3.2 Das Komma bei Infinitiv- und Partizipgruppen

! **Infinitiv- und Partizipgruppen**

- Eine **Infinitivgruppe** (→ S. 21) wird durch Komma vom Rest des Satzes getrennt, wenn
  1. sie mit den Konjunktionen *um, ohne, statt, anstatt, außer, als* **eingeleitet** ist, z. B.:
     Ich fahre nach Köln, um dort ein Zimmer zu suchen.
     Ohne einen Augenblick zu zögern, nannte sie ihren Namen.
     Die anderen, anstatt die Warnung ernst zu nehmen, gingen einfach weiter.
  2. sie von einem **hinweisenden Wort abhängt,** z. B.:
     Darf ich Sie daran erinnern, mir die Bescheinigung zu schicken?
     Ins Ausland zu gehen, das war ihr großer Wunsch.
  3. sie von einem **Nomen abhängt:**
     Er hat die Absicht, sie zu retten.
     Bei dem Versuch, gemeinsam zu fliehen, werden sie überrascht.

  Bei bloßem Infinitiv kann das Komma zu 2. und 3. entfallen, also:
  Sie denkt daran (,) zu kündigen. Der Plan (,) zu verreisen (,) gefällt mir.

- In den übrigen Fällen ist es dem Schreibenden freigestellt, ein Komma zu setzen oder nicht, z. B.:
  Sie versucht(,) ihre Gefühle nicht zu zeigen.

- Eine **Partizipgruppe** wird durch Komma vom Rest des Satzes getrennt, wenn
  1. sie von einem **hinweisenden Wort abhängt,** z. B.:
     Auf diese Weise, einen Fuß vorsichtig vor den anderen setzend, ging sie langsam weiter.
  2. sie **nachgestellt** ist, z. B.:
     Sie ging langsam weiter, einen Fuß vor den anderen setzend.

- Manchmal ist das **Komma als Lesehilfe** bei einer Infinitiv- oder Partizipgruppe erforderlich, um Sätze eindeutig zu machen oder Fehllesen zu vermeiden, also z. B.:
  Sie verspricht, ihrer Mutter zu schreiben.
  Sie verspricht ihrer Mutter, zu schreiben.

1 Unterstreichen Sie die Hinweiswörter und setzen Sie die Kommas.

Die Stadt hat die Absicht das Sportzentrum zu schließen.

Eine Gruppe von Jugendlichen bemüht sich darum die Schließung zu verhindern.

Sie denken daran einzelne Ratsmitglieder persönlich anzusprechen.

Die Jugendlichen wollen noch einen Versuch machen Sponsoren zu finden.

Sie halten es für möglich von einigen lokalen Unternehmen eine finanzielle Unterstützung zu bekommen.

Auch haben sie sich darum bemüht das Thema noch einmal auf die Tagesordnung zu bringen.

Einige sind dafür bei der entsprechenden Ratssitzung mit einem lauten Sprechchor aufzutreten.

Jetzt schon aufzugeben das kommt für sie jedenfalls nicht infrage.

2 Setzen Sie Kommas, um den Sinn des Satzes eindeutig zu machen. Manchmal sind mehrere Lösungen möglich.

Ich hoffe jeden Tag im Meer baden zu können.

Wir empfehlen ihm das Geld zurückzugeben.

Sie verabreden sich um elf Uhr Fußball zu spielen.

Er hatte den Vertrag leider ohne ihn vorher genau zu lesen sofort unterschrieben.

Die paradoxe Wirkung des Lesens ist uns von der Welt abzulenken und dabei einen Sinn für sie zu finden.

Sie bat ihren Nachbarn mit verletzenden Worten zurückhaltend zu sein.

3.3 Zeichensetzung bei direkter Rede und Zitat

! **Direkte Rede**

- Wörtlich wiedergegebene Äußerungen schließt man in **Anführungszeichen** ein.
- Wenn der Begleitsatz vorn steht, kündigt der **Doppelpunkt** die direkte Rede an; steht der Begleitsatz hinter oder zwischen der wiedergegebenen Äußerung, wird er **durch ein bzw. zwei Kommas abgetrennt.**
- Das Satzschlusszeichen einer nachgestellten wiedergegebenen Äußerung reicht für den ganzen Satz, z. B.: *Sie riefen: „Kommt doch mit!" – „Kommt", sagten sie, „wir gehen noch aus."*
- **Frage- und Ausrufezeichen** bei der Redewiedergabe bleiben erhalten, wogegen ein **Schlusspunkt** wegfällt, wenn der Begleitsatz hinter der wiedergegebenen Äußerung steht, z. B.: *„Kommt ihr mit?", fragten sie. – „Wir kommen später nach", sagten die anderen.*

1 Unterstreichen Sie die wörtlichen Redewiedergaben und setzen Sie alle fehlenden Zeichen.

Günther Anders **Der Löwe**

Als die Mücke zum ersten Male den Löwen
brüllen hörte, da sprach sie zur Henne
Der summt aber komisch. Summen ist gut
fand die Henne. Sondern fragte die Mücke.
Er gackert antwortete die Henne.
Aber das tut er allerdings komisch.

! **Anführungszeichen in Zitaten**

Zitate (vgl. Kap. 6, → S. 67–73) sind wörtlich wiedergegebene Äußerungen, also im Grunde nichts anderes als direkte Rede. Die Regeln für die Zeichensetzung sind daher gleich.

- Allerdings kommt es häufig vor, dass man ein **Teilzitat** in einen eigenen Satz einbaut, der dann mit einem **Satzschlusszeichen hinter den Anführungszeichen** (und ggf. der Quellenangabe) abgeschlossen werden muss, z. B.:
  Nach Ansicht von Deborah Tannen gibt es „geschlechtsspezifisches Gesprächsverhalten".
  Die Autorin räumt ein, dass ihre Forschungsergebnisse „dazu benutzt werden können, ungleiche Behandlung und ungleiche Chancen zu rechtfertigen" (Tannen 1991, S. 13).
- Wird **innerhalb einer Redewiedergabe** in Anführungszeichen noch einmal etwas zitiert, so verwendet man einfache oder halbe Anführungszeichen, z. B.:
  Die Rezension beginnt mit den Worten: „Die Premiere von Lessings ‚Nathan' im Stadttheater war eine Überraschung."
- Durch Anführungszeichen kennzeichnet man einen Begriff, den man **kommentieren** will, z. B.:
  Der Begriff „groupthink" stammt aus den 70er-Jahren des vergangenen Jahrhunderts.
  Mit „groupthink" bezeichnet man ein Gruppendenken, das Kritik vermeidet.
- **Titel, Überschriften, Namen von Zeitungen** usw. werden im Satz durch Anführungszeichen gekennzeichnet. Wenn ein Artikel, der zum Namen gehört, verändert wird, bleibt er außerhalb der Anführungszeichen, z. B.:
  Der Roman „Die Blechtrommel" ist von Günter Grass.
  Die Hauptfigur der „Blechtrommel" ist Oskar Matzerath.
- Anführungszeichen werden auch als **Ironie-** oder **Distanzsignal** verwendet. Sie haben dann die Funktion, den Leser darauf aufmerksam zu machen, dass man ein Wort in einem besonderen Sinn verwendet, z. B. ironisch oder im Bewusstsein seiner Unangemessenheit, z. B.:
  Der „Einbrecher" war in Wirklichkeit ... Ganz offenbar findet er es „cool", mitzumachen.
  Im Mündlichen würde die Distanzierung durch eine kleine Pause oder ein eingeschobenes „angeblich" oder „wie man so sagt" angezeigt.

2 Häufig wird indirekte Rede mit wörtlich zitierten Begriffen kombiniert. Setzen Sie sinnvolle Anführungszeichen.

Viele kritisieren heute eine Politik, die auf ständiges Wirtschaftswachstum setzt; sie sagen, das Weiter-so genüge nicht, Deutschland müsse sich auf eine Gesellschaft des Weniger einrichten.

3 Setzen Sie den Zeitungsnamen „Die Zeit" (Satz 1) bzw. den Titel „Die Physiker" (Sätze 2–4) ein.

1. *Diesen Artikel habe ich in* ______________________ *gefunden.*
2. *Kennst du Dürrenmatts* ______________________ *? –*
3. *Meinst du das Theaterstück* ______________________ *?*
4. *In* ______________________ *gibt es eine irre Irrenärztin.*

3.4 Zeichensetzung als Stilmittel: Semikolon, Doppelpunkt und Gedankenstrich

Semikolon, Doppelpunkt und Gedankenstrich können manchmal an Stelle eines Kommas gesetzt werden und sind ausdrucksvoller als dieses. Versuchen Sie, diese Zeichen auch für Ihr eigenes Schreiben zu nutzen.

! **Satzzeichen für Fortgeschrittene**

Das **Semikolon** steht zwischen Hauptsätzen; es trennt stärker als ein Komma, aber weniger stark als ein Punkt. Bei einer **Aufzählung** kann das Semikolon Gruppen verwandter Dinge abgrenzen. So weist bei der Aufzählung von Wortbedeutungen im Wörterbuch das Semikolon darauf hin, dass nach der Nennung von Synonymen weitere, und zwar unterschiedliche Bedeutungen aufgeführt werden, z. B.:
Motiv: Beweggrund, Antrieb, Ursache; Leitgedanke; Thema einer künstlerischen Darstellung; kleinstes musikalisches Gebilde.

Mit dem **Doppelpunkt** kündigt man an, dass etwas Weiterführendes folgt. Er steht
- vor angekündigter **wörtlicher Rede,** z. B.: *Sie fragt ihn direkt: „Was verschweigst du mir?",*
- vor **Aufzählungen** und vor **Zusammenfassungen** oder **Folgerungen.**

Wenn nach dem Doppelpunkt ein vollständiger Satz folgt, schreibt man groß weiter, sonst klein, z. B.:
Die Hauptfiguren haben eins gemeinsam: Sie sind auf der Suche.
Themen seiner Romane sind: die Zeit nach 1945, der Wiederaufbau, die Teilung Deutschlands.

Achtung: Kein Doppelpunkt, sondern ein Komma steht, wenn *d. h.* oder *nämlich* die Aufzählung einleitet, z. B.:
Seine Romane behandeln zeitgeschichtliche Themen, nämlich die Zeit nach 1945, den Wiederaufbau ...

Der **Gedankenstrich** kann in Einschüben und Nachträgen das Komma ersetzen; er wirkt stärker als das Komma. Innerhalb des durch Gedankenstriche abgetrennten Einschubs kann ggf. noch ein weiteres Zeichen stehen, z. B.:
Inzwischen wirst du die Prüfung – sicher mit gutem Ergebnis! – hinter dir haben.
Du hast die Prüfung bestanden – herzlichen Glückwunsch!

1 An den mit ▢ gekennzeichneten Stellen fehlt ein Satzzeichen. Verwenden Sie statt eines Kommas Semikolon, Doppelpunkt oder Gedankenstrich, um die Aussage klarer zu machen oder um etwas hervorzuheben.

1. *Die Ausbeutung des Menschen und die der Natur gleichermaßen zu bekämpfen ▢ diese Idee könnte sich als zukunftsfähig erweisen.*
2. *Hungersnot im Niger, Swimmingpools in der Wüste ▢ woran es den einen mangelt, das wird andernorts verschwendet ▢ Wasser, das „Erdöl des 21. Jahrhunderts".*
3. *Musik aktiviert im Gehirn jene Bereiche, die den Menschen eigentlich ausmachen ▢ Gefühl, Intellekt und Bewegung ▢ und das alles gleichzeitig.*

3.5 Zeichensetzung anwenden – Trainingstexte

Um die Satzzeichen richtig zu setzen, müssen Sie den Text verstehen.
- Lesen Sie sich die Texte halblaut vor, sodass Sie die Sinnzusammenhänge verstehen, und setzen Sie die Kommas entsprechend. Setzen Sie nicht zu viele Kommas. Falls Sie dazu neigen, überlegen Sie jeweils kurz, ob es einen Anlass für ein Komma gibt, also ob eine der drei Grundregeln (→ S. 24) zutrifft.
- Kontrollieren Sie Ihre Lösung anschließend mithilfe des Lösungsheftes.
  Überlegen Sie bei Abweichungen, welche Regel Sie nicht beachtet haben, und arbeiten Sie die betreffenden Seiten noch einmal gründlich durch. Wenn Sie an Stellen, wo die Lösung statt Komma ein anderes Zeichen vorsieht, nur ein (neutrales) Komma gesetzt haben, so ist das kein Fehler.
  Versuchen Sie aber auch, Doppelpunkt, Semikolon und Gedankenstrich in Ihr Repertoire einzubeziehen.

1 Ergänzen Sie die fehlenden Kommas.

Zsuzsa Bánk: **Der Schwimmer** (Auszug, 2004)

Mein Vater hatte Arbeit in der Schokoladenfabrik. Er wartete Maschinen sah dabei zu wie Schokolade gerührt geschlagen in Formen gegossen wurde und wies neue Arbeiter ein. Er zeigte ihnen wie sie Hauben über ihr Haar zu ziehen wie sie Schokolade auf Kühltischen auszubreiten wie sie Zucker abzuwiegen hatten. Pralinés mit Weinbrandfüllung stapelten sich in Zsófis Küche Schokoladentafeln Trinkschokolade in Tüten und Kuvertüre in Folie. Wenn wir Eva und Karcsi besuchten brachten wir Pralinés mit. Jenö saß oft schokoladenverschmiert am Klavier brach nach jedem Lied Stücke von einer Tafel und steckte sie in den Mund. Zsófi versorgte die Leute im Dorf mit Trinkschokolade in Tüten. Manchmal standen Kinder vor unserem Zaun und warteten bis wir Schokolade an sie verteilten.

2 Markieren Sie die nebensatzeinleitenden Konjunktionen und Relativpronomen und fügen Sie die 20 fehlenden Kommas ein. Achten Sie besonders auf das Komma am Ende eines eingeschobenen Nebensatzes. Ergänzen Sie bei wörtlicher Rede auch die Anführungszeichen.

Jean-Jacques Rousseau: **Abhandlung über den Ursprung und die Grundlagen der Ungleichheit unter den Menschen** (Auszug, 1754)

Der Erste der ein Stück Land einzäunte auf den Gedanken verfiel zu sagen: Das gehört mir und Leute fand die schlicht genug waren ihm zu glauben war der eigentliche Gründer der Gesellschaft. Wie viele Verbrechen Kriege Morde wie viel Grauen und Leid hätte nicht derjenige der Menschheit erspart der indem er die Pfähle herausriss oder den Graben zuschüttete seinesgleichen zugerufen hätte: Hütet euch auf diesen Betrüger zu hören. Ihr seid verloren wenn ihr vergesst dass die Früchte allen gehören und die Erde keinem! Aber vieles spricht dafür dass die Dinge da schon einen Punkt erreicht hatten an dem sie nicht mehr bleiben konnten wo sie waren. Denn der Begriff des Eigentums der mit einer Reihe früherer Vorstellungen zusammenhängt die nur nach und nach entstehen konnten ist nicht plötzlich im menschlichen Geist erschienen.

3 Im folgenden Text fehlen 22 Satzzeichen. Ergänzen Sie diese.
An einer Stelle wäre ein Doppelpunkt deutlicher als ein Komma. Es gibt zwei Einschübe, die Sie entweder durch Kommas oder Gedankenstriche vom Rest des Satzes abtrennen können.

Steven Roger Fischer: **Sprache und Gesellschaft** (Auszug, 2003)

Ich werde meinen Namen an die Stelle setzen wo die Namen berühmter Männer geschrieben stehen brüstete sich der sumerische König Gilgamesch vor fast 4000 Jahren und gab damit zugleich ein Beispiel für eine der wichtigsten Funktionen von Sprache das Verkünden der eigenen Ansprüche. Die großen und kleinen Fragen in einer Gesellschaft spiegelten sich immer im Sprachgebrauch. Bereits die alten Ägypter wussten dass das Wort der Vater des Gedankens ist und erkannten an dass die Sprache Fundament und Baumaterial des sozialen Hauses unserer Gesellschaft ist. Auch der Aufbau und der Umbau dieses Hauses geschehen durch das Medium der Sprache. Die Sprache gibt auf komplexen und subtilen Wegen allen menschlichen Handlungen eine Stimme. Sie trägt ermöglicht und stärkt auf vielfältigen Ebenen die menschliche Begegnung von internationalen bis hin zu intimen Beziehungen.

Sprache signalisiert nicht nur woher wir kommen wofür wir einstehen und zu wem wir gehören sondern verleiht auch unseren individuellen geschlechtlichen oder ethnischen Rechten Geltung. Sie verschafft uns Zugang zur menschlichen Gesellschaft und macht anderen deutlich was wir wollen und wie wir es zu erreichen gedenken. In der ganzen Geschichte beurteilten Menschen immer andere Menschen nach ihrer Sprache ihrem regionalen Dialekt und sogar nach ihrer persönlichen Wortwahl. Die Menschen weisen einander nach Maßgabe ihrer Sprache bewusst oder unbewusst einen Platz in der Welt zu.

4 Im folgenden Text fehlen 27 Satzzeichen, ergänzen Sie diese.
Verwenden Sie außer dem Komma auch Semikolon, Doppelpunkt und Gedankenstrich.

Max Frisch: **Homo Faber** (Auszug, 1957)

Ich habe mich schon oft gefragt was die Leute eigentlich meinen wenn sie von Erlebnis reden. Ich bin Techniker und gewohnt die Dinge zu sehen wie sie sind. Ich sehe alles wovon sie reden sehr genau ich bin ja nicht blind. Ich sehe den Mond über der Wüste von Tamaulipas klarer als je mag sein aber eine errechenbare Masse die um unseren Planeten kreist eine Sache der Gravitation interessant aber wieso ein Erlebnis? Ich sehe die gezackten Felsen schwarz vor dem Schein des Mondes sie sehen aus mag sein wie die gezackten Rücken von urweltlichen Tieren aber ich weiß Es sind Felsen Gestein wahrscheinlich vulkanisch das müßte man nachsehen und feststellen. Wozu soll ich mich fürchten? Es gibt keine urweltlichen Tiere mehr. Wozu sollte ich sie mir einbilden? Ich sehe auch keine versteinerten Engel es tut mir leid auch keine Dämonen. Ich sehe was ich sehe die üblichen Formen der Erosion dazu meinen langen Schatten auf dem Sand aber keine Gespenster. R

4 Rechtschreibung

Richtig schreiben heißt leserfreundlich schreiben. Eine falsche – und damit ungewöhnliche – Schreibweise lässt beim Lesen stocken, man wird abgelenkt und muss vielleicht sogar ein zweites Mal lesen. Wenn Sie wollen, dass Ihre Texte gern und ohne Mühe gelesen werden, müssen Sie das Lesen leicht machen. Dazu gehört außer einem übersichtlichen Schriftbild mit Absätzen und sinnvollen Satzzeichen eine normale, d. h. der Norm entsprechende Rechtschreibung.
Falls Sie am PC schreiben, nutzen Sie vermutlich die dem Progamm eigene Rechtschreibprüfung. Dieser dürfen Sie jedoch nicht blind vertrauen: Die Funktion kann z. B. *das* und *dass* nicht unterscheiden, macht Fehler bei der Groß- und Kleinschreibung und versteht erst recht nichts von Zeichensetzung. Zudem: Bei vielen Gelegenheiten müssen Sie mit der Hand schreiben und Ihren Text selbst überarbeiten.

4.1 Die Grundprinzipien der Rechtschreibung

Die Rechtschreibung ist nicht willkürlich, sondern sie folgt Prinzipien, deren Kenntnis man zum korrekten Schreiben nutzen sollte, auch wenn es – leider – Ausnahmen gibt.

! **Die drei wichtigsten Rechtschreibtipps**

- **Tipp 1:** Beachten Sie das **Lautprinzip.**
  Wörter werden im Deutschen im Großen und Ganzen so geschrieben, wie man sie spricht.
  Sprechen Sie Wörter, bei deren Schreibweise Sie unsicher sind, halblaut überdeutlich aus.
  „Verschlucken" Sie keine Silben und achten Sie genau auf die einzelnen Laute, z. B.:
  Gleich-heit, Kon-junk-tion, in-te-ressant, vor-aus-setzen, Schritt-tempo, den (lang) oder *denn* (kurz).
- **Tipp 2:** Berücksichtigen Sie das **Stammprinzip.**
  Der gleiche Wortstamm bleibt in verschiedenen Wortformen und Zusammensetzungen gleich:
  In *Herrschaft* steckt z. B. der Stamm *Herr-*, *du hältst* kommt von *halt-en* und *säubern* von *sauber.*
  Durch **Ableiten** und **Verlängern** lassen sich viele Rechtschreibprobleme lösen, z. B.:
  endlich → *Ende,* darum mit *d* und nicht mit *t;* *hart* → *härter,* also nicht mit *d,* sondern mit *t;*
  er liest → *lesen,* darum mit einfachem *s;* *widerwärtig* mit *g* am Ende, denn → *widerwärtiger;*
  dagegen *widerlich* → *widerlicher.*
- **Tipp 3:** Beachten Sie aber auch das **Differenzprinzip.**
  Gleich oder ähnlich lautende Wörter, die Unterschiedliches bedeuten, werden oft verschieden geschrieben, sodass man sie beim Lesen besser unterscheiden kann.

  Prägen Sie sich beim Lesen das **Schriftbild** von Wörtern, die Sie selbst verwenden, ein.
  Nehmen Sie bei **Wortpaaren** die Unterschiede bewusst wahr, z. B.:
  viel – fiel, Stil – Stiel, ist – isst, Mann – man, Miene – Mine, bis – Biss / bisschen, Seite – Saite, wieder – wider, Wahl – Wal, Meer – mehr, malen – mahlen, Rad – Rat, den – denn, ihn – in, ihm – im, Maße – Masse.

1 Entscheiden Sie über die richtige Schreibweise und begründen Sie.

t/d?	en d los (Ende) ______	Passan ___ ______
s/ß?	du lie ___ t ______	du hei ___ t ______
mit d?	am überzeugen ___ sten ______	am abgelegen ___ sten ______
mit t?	du häl ___ st ______	du fäll ___ st ______
g/ch?	sehnsüchti ___ ______	versöhnli ___ ______
r/rr?	he ___ schen ______	he ___ zen ______
r/rr?	vo ___ echnen ______	im Vo ___ aus ______
ei/ai?	ein Brotl ___ b ______	L ___ b und Seele ______

Häufige Fehler vermeiden

Vielen Schreibenden unterlaufen Flüchtigkeitsfehler, die sich meist gegen Ende des Textes häufen. Hier hilft nur: die Arbeit so einteilen, dass einem Zeit und Kraft zum sorgfältigen Korrekturlesen bleiben.

! **TIPP: Manche Wörter werden besonders oft falsch geschrieben:**

ähnlich
allmählich
am Abend, aber: *abends*
außer, außerdem

dann
daran, daraus, darüber
das (Relativpronomen) – *dass* (Konjunktion)
dasselbe, derselbe, dieselbe – aber: *das Gleiche*
davon, davor – aber: *dafür*
den (Artikel) – *denn* (Konjunktion)
der/die andere

beide, die beiden

Charakter, charakterisieren

Detail, detailliert
draußen

eigentlich
ein bisschen
einmal, zweimal, auf einmal (aber: *das erste Mal, ein einziges Mal, jedes Mal*)
endlich, endlos, endgültig
entscheiden, Entschluss (Präfix *ent-*)

fernsehen, sie sieht fern, der Fernseher
fiel, fielen – aber: *viel, die v/Vielen*

gar nicht, gar nichts, gar kein, gar zu gern
gefährlich

du hältst

ihm, ihn (Personalpronomen)
ihr [kommt] – aber: *Ihr [Brief]* (höfliche Anrede)
im, in (Präposition)
interessant, Interesse, interessieren
irgendeiner, irgendetwas, irgendjemand, irgendwie

[ein] jeder, alles und jedes
jetzt
Jugend, Jugendliche

meistens, am meisten; das meiste, die meisten
(auch: *das Meiste, die Meisten*)

nämlich
-nis, -nisse (z.B.: *Erlebnis, Erlebnisse*)

im Recht sein, es ist mir recht, es ist unrecht
reparieren, Reparatur
Rhythmus

schuld sein, wer ist schuld? (aber: *wer hat Schuld?*)
seit [gestern]
sie liest – aber: *ihr ließt es zu*
[ihr] seid [gekommen]
Standard
stattfinden, es findet statt
die Stadt, stadtbekannt

tot, totschlagen
der Tod, todkrank, todmüde

vielleicht
vor, vorher; voran, voraus, vorüber (aber: *fortgehen*)

während
sie waren, er wäre
weiß, ich weiß
ihr wisst
wen (Frage- oder Relativpronomen)
wenn (Konjunktion)
wider = gegen: *widersprechen, Widerstand*
wieder = noch einmal: *wiederholen, wiedergeben*

Legen Sie sich eine **Rechtschreibkartei** an. Schreiben Sie Ihre persönlichen Fehlerwörter richtig auf Kärtchen und ordnen Sie diese Ihren Fehlerschwerpunkten (→ S. 3) zu. Gehen Sie die Kartei immer wieder durch und schreiben Sie schwierige Wörter mehrmals richtig auf ein Blatt Papier.

2 **a** Lesen Sie die Wörter der Liste im Tipp-Kasten laut und prägen Sie sich das Schriftbild ein.
b Bitten Sie jemanden, Ihnen die Wörter zu diktieren. Vergleichen Sie anschließend mit der Liste und nehmen Sie die Wörter, die Sie falsch geschrieben haben, in Ihre Rechtschreibkartei auf.
c Möglicherweise haben Sie auch noch ganz persönliche „Lieblingsfehler". Blättern Sie die folgenden Seiten (bis S. 45) durch und verschaffen Sie sich einen Überblick darüber, was in den einzelnen Abschnitten besonders geübt wird. Können Sie Ihre Fehler einordnen? Notieren Sie hier die für Sie wichtigen Seiten.

____

____

4.2 Lange und kurze Vokale – Dehnung und Schärfung

Vokale werden unterschiedlich lang gesprochen. Länge und Kürzungen werden durch unterschiedliche Schreibweisen gekennzeichnet.

! **Lange Vokale**

- In den meisten Fällen werden die langen Vokale **a, e, o** und **u** gar nicht gekennzeichnet, z. B.: *Haken, Regen, Kuchen, Hof.*
- Einige schreibt man **mit nachfolgendem h,** z. B.: *Stahl, hohl, fühlen, Hahn, sehr.*
- Selten wird mit **Doppelvokal** geschrieben, z. B.: *Boot, Meer, Maat.*
  Ableitungen mit Umlaut verlieren den Doppelvokal, z. B.: *Paar – Pärchen, Boot – Bötchen.*
- Die meisten Wörter mit **langem i** werden mit *ie* geschrieben, z. B.: *Kies, liest, lieb.*
  Am Wortende erscheint das lange i immer als *ie,* z. B.: *Knie, nie, Biologie* (Ausnahme: *Ski*).
  In Fremdwörtern schreibt man das lange *i* einfach als *i,* z. B.: *Maschine, Mandarine.*
  Selten sind Wörter mit *ieh,* z. B.: *siehe, Vieh, ziehen.*
  Ein langes *i* + *h* gibt es nur in: *ihm, ihn, ihr, ihnen* usw.

! **Betonte kurze Vokale**

- Nach einem betonten kurzen Vokal folgen fast immer zwei Konsonanten, z. B.: *ha**lt**en, La**mp**e, bre**ms**en, E**nd**e, Sti**rn**, klo**pf**en, Lu**ft**.* Wenn Sie die Wörter laut sprechen, können Sie die Konsonanten gut hören.
- Hört man beim Sprechen nur einen Konsonanten, wird dieser beim Schreiben verdoppelt, z. B.: *flattern, bellen, Sommer, surren.*

Sonderfälle:
- Einige einsilbige Wörter wie z. B.: *bis, was, man, Bus,* er *hat,* ich *bin.*
- Statt Doppel-*k* schreibt man *ck,* statt Doppel-*z tz,* z. B.: *Lack, zucken, Tatze, hetzen.*
- In vielen Fremdwörtern (→ S. 43) steht nach kurzem Vokal nur ein einfaches *k,* z. B.: *Doktor, direkt;* oder aber ein doppeltes *kk,* z. B.: *Mokka, Akkordeon.*
- Ein Merkspruch: Nach *l, m, n, r* – das merke ja! – folgt nie *tz* und nie *ck,* z. B.: *Walzer, stärken.*
- Bei Wortzusammensetzungen können drei gleiche Buchstaben aufeinandertreffen, z. B.: *Pass + Straße = Passstraße; Kunstofffaser, Schlussstrich* usw.

1 Legen Sie nach folgendem Muster auf einem gesonderten Blatt eine Tabelle an. Schreiben Sie möglichst viele Wörter in die Tabelle. Machen Sie sich bei jedem gefundenen Wort klar, ob die Kürzung oder Dehnung gekennzeichnet ist.

	a/ä	e	i	o/ö	u/ü
kurz	fasten, … Watte, …	Herz, … Welle, …	bitter, … sicher, …	Koffer, … Topf, …	brüllen, … und, …
lang	Sage, … wahr, … während, …	schwer, … sehr, … See, …	Liebe, nie, … Maschine, … geliehen, …	Woge, … Lohn, …	Bude, … Huhn, …

2 Manche Wörter unterscheiden sich durch Länge oder Kürze des Vokals, sie haben dann auch eine unterschiedliche Bedeutung. Ergänzen Sie das jeweils „zweite“ Wort mit langem Vokal. Zweimal gibt es zwei Lösungen.

wenn	Hölle	innen	Kamm	in
wen ______	______	______	______	______
Mitte	Staat	füllen	bitten	still
______	______	______	______	______

4.3 Die Schreibung der s-Laute

! **s, ss oder ß?**

- Das **stimmhafte (gesummte)** ***s*** wird immer als **einfaches** ***s*** geschrieben, z. B.: *lesen, Vase, riesig.*
- Für den **stimmlosen (scharfen)** ***s*-Laut** gibt es **drei verschiedene Schreibweisen:**

ss	Nach einem **betonten kurzen Vokal** schreibt man den stimmlosen *s*-Laut als *ss*, z. B.: *küssen, der Kuss, er küsst, lass das, gewiss, Misserfolg.* **Achtung:** Die Endungen *-is* und *-us* werden mit einfachem *s* geschrieben, obwohl im Plural *ss* steht, z. B.: *Erlebnis – Erlebnisse, Bus – Busse.*
ß	Nach einem **betonten langen Vokal** oder einem Diphthong (Doppellaut: *ei, au* usw.) schreibt man den stimmlosen *s*-Laut als *ß*, z. B.: *grüßen – grüßt, Fuß – Füße, heißen – heißt, scheußlich.* **Achtung:** Ist der stimmlose *s*-Laut in anderen Formen des Wortes jedoch stimmhaft, so wird *s* geschrieben. Sie können dies durch Ableiten oder Verlängern herausfinden (→ S. 32), z. B.: *sie liest – lesen, Glas – Gläser.*
s	In allen anderen Fällen wird *s* geschrieben, z. B.: *Maske, Knospe, Plasma, fast, kosten.*

1 Machen Sie sich die Regeln zur Schreibung des stimmlosen (scharfen) *s*-Lauts klar, indem Sie die folgenden Wörter richtig ergänzen:

Schlo____ Flo____ Ma____ er mu____ Mu____e Genu____ sie blä____t

bla____ Gra____ sto____en La____t Moo____ wer hat genie____t sie grü____t

ra____t doch nicht so die mei____ten er ha____t ihn wei____lich Kompromi____

2 Ergänzen Sie die Beispiele in der folgenden Tabelle. Beachten Sie, dass innerhalb mancher Wortfamilien der stimmlose s-Laut unterschiedlich geschrieben werden kann.

Infinitiv	Präsens		Präteritum	
gießen	er	*gießt*	wir	*gossen*
verlassen	sie	____	wir	____
____	sie	*grast*	sie	____
heißen	du	____	ich	____
müssen	ihr	____	ihr	____
____	er	____	sie	*ließen*
____	sie	*isst*	er	____
beißen	ich	____	wir	____
____	du	*weißt*	sie	____
____	er	____	er	*wies [darauf] hin*
stoßen	sie	____	sie	____

TIPP: das oder dass?

Die Schreibung des Artikels *das* macht keine Probleme.
Unsicherheiten bezüglich der Schreibweise ergeben sich in Nebensätzen, in denen der Relativsatz mit *das* von Nebensätzen mit der Konjunktion *dass* unterschieden werden muss.
Eine **Probe** hilft Ihnen zu entscheiden: Für *das* kann man *dieses* oder *welches* einsetzen:

- **Artikel:** *das Haus* (ersetzbar durch: *dieses*)
- **Demonstrativpronomen:** *Das ist richtig.* (ersetzbar durch: *Dieses*)
- **Relativpronomen:** *Das Wort, das hier steht, ...* (ersetzbar durch: *welches*)

Die häufig gebrauchte **Konjunktion *dass*** leitet immer einen Nebensatz ein, der auch am Satzanfang stehen kann, z.B.: *Ich finde gut, dass ihr morgen kommt. Dass ihr morgen kommt, finde ich gut.*
Auch in zusammengesetzten Konjunktionen wie *ohne dass, anstatt dass, vorausgesetzt(,) dass; aus Angst, dass; zu ... als dass, sodass und so ..., dass* wird immer *dass* geschrieben.

3 **a** Prägen Sie sich typische Verwendungen für *dass* ein.
b Vervollständigen Sie die folgenden Sätze.
c Analysieren Sie Ihre letzten Kursarbeiten.
Wenn die Schreibung der Konjunktion *dass* zu Ihren Fehlerschwerpunkten (→ S.33) zählt, sollten Sie Ihrer Rechtschreibkartei für Sie typische Wendungen hinzufügen.

Oft war zu lesen, ____________________.

Auf Seite 25 heißt es, ____________________.

Es scheint, ____________________.

Man sieht daran, ____________________.

Die Argumentation wirkt nicht sehr schlüssig, so ____________________.

Das klingt zu gut, als ____________________.

Das kommt daher, ____________________.

____________________ *, ist erstaunlich.*

4 Ergänzen Sie in den folgenden Sätzen *das* oder *dass*. Begründen Sie Ihre Entscheidung.

Ich glaube nicht, ______ er ______ getan hat. ____________________

Sie hatte den ganzen Tag gewartet, ohne ______ Haus zu verlassen. ____________________

Sie ahnte das Unglück, ohne ______ ihr jemand etwas gesagt hätte. ____________________

______ *du dich jetzt ärgerst, ist verständlich.* ____________________

Ich verstehe ______ gut. ____________________

Ich kann mir nicht vorstellen, ______ ______, was in der Zeitung steht, stimmt. ____________________

Ich kann einfach nicht glauben, ______ ______ stimmt. ____________________

______ *ist ______ Foto, über ______ sie sich so aufgeregt hat.* ____________________

Sie will nicht, ______ ich euch ______ Foto, ______ sie so hässlich findet, zeige. ____________________

4.4 Groß- und Kleinschreibung

Großgeschrieben werden Nomen und Eigennamen.
Alle anderen Wortarten schreibt man klein, sofern sie nicht am Satzanfang stehen.
Allerdings können praktisch alle Wortarten in der Funktion von Nomen gebraucht werden (Nominalisierung, → S. 7), was dann wiederum Großschreibung nach sich zieht.

Nomen und Nominalisierungen sicher erkennen

! **Nomensignale**

1. Nomen und nominalisierte Wörter können:
   - von einem Artikel, — *die Zeit, der Tag, das A und O*
   - Pronomen, Zahlwort oder Adjektiv begleitet, — *ihr Lieben, vier Personen, leises Klopfen*
   - mit einer Präposition verbunden — *beim Lernen, ohne Wenn und Aber*
   - und dekliniert werden. — *die Kunst des Schweigens*
2. Es gibt typische **Nachsilben** (Nominalsuffixe), an denen Sie Nomen erkennen können:
   Alle **Wörter auf** ***-heit, -keit, -ung, -nis*** **und** ***-ion*** sind Nomen und werden darum immer großgeschrieben.
3. **Adjektive** und als Adjektive verwendete **Partizipien** werden **nach Indefinitpronomen** (→ S. 6) großgeschrieben, z. B.: *etwas Schönes, viel Überzeugendes, nichts Erfreuliches.*

Die Regel, dass nur Nomen und nominalisierte Wörter großgeschrieben werden, ist einfach.
Schwieriger ist es, diese immer zu erkennen. Mit den folgenden Übungen können Sie trainieren, die im Info-Kasten genannten Kriterien anzuwenden.

1 Ergänzen Sie die Tabelle: Welche Wortart wird hier als Nomen verwendet?
Woran erkennen Sie das nominalisierte Wort?

	nominalisierte Wortart	Nomensignal
das Auswendiglernen	*Verb*	*Artikel*
im Voraus	*Adverb*	*Präposition (+ Artikel)*
etwas Erträumtes	*Partizip (Verb)*	*Indefinitpronomen*
eine Zwei		
ohne Hin und Her		
mein Kleines		
langes Überlegen		
drei Richtige		
das Erste		
beim Telefonieren		
nichts Wichtiges		
dein Warten		
aufs Neue		

! TIPP: Adjektive: Stolpersteine und Ausnahmen

- **Adjektive** werden trotz Begleiter **klein**geschrieben, wenn sie sich auf ein vorhergehendes oder nachfolgendes Nomen beziehen, z. B.:
  Die großen Fische fressen die kleinen [Fische]. – Er war der erste von acht Teilnehmern.
- Bestimmte **feste Verbindungen aus Präposition und unflektiertem Adjektiv** werden **klein**geschrieben, z. B.:
  von fern, zu eigen, von klein auf, für wahr halten, schwarz auf weiß.
- **Verbindungen aus Präposition und flektiertem Adjektiv** kann man **klein-** oder **groß**schreiben, z. B.:
  von neuem – von Neuem, seit langem – seit Langem, ohne weiteres – ohne Weiteres.

2 Vervollständigen Sie die folgenden Sätze wie im Beispiel vorgegeben.

Sie überquerte die Straße, als die Ampel rot war.
Sie überquerte die Straße bei Rot .

1. *Mir war nicht klar, welche Konsequenzen das haben könnte.*

   Ich war mir über die Konsequenzen nicht im ____________________ .

2. *Ich fand den Film gar nicht aufregend.*

   Für mich hatte der Film gar nichts ____________________ .

3. *Mir war das völlig neu. Das war für mich etwas völlig* ____________________ .

3 Entscheiden Sie, ob groß- oder kleingeschrieben werden muss. Streichen Sie den falschen Buchstaben.

1. *Ich kann leider nur wenig* g/G*utes berichten.*
2. *Ihr Hobby ist* t/T*anzen; sie möchte am liebsten immer nur* t/T*anzen.*
3. *Nach langem* h/H*in und* h/H*er fiel endlich die Entscheidung.*
4. *Im* ü/Ü*brigen bleibt alles beim* a/A*lten.*
5. *Als* e/E*rstes Thema wurde die geplante Exkursion besprochen.*
6. *Als* e/E*rstes wurde der Zeitpunkt festgelegt, als* n/N*ächstes die genaue Route.*

! TIPP: Die höfliche Anrede

- Das Anredepronomen *Sie* und das entsprechende Possessivpronomen *Ihr* sowie die zugehörigen flektierten Formen schreibt man groß, z. B.:
  Soll ich Sie mitnehmen?
  Was ist Ihnen lieber: Möchten Sie Ihren Koffer in den Kofferraum oder auf den Rücksitz legen?
- Die vertraute Anrede, also *du, dich* usw. und *ihr, euch* usw., wird im Allgemeinen kleingeschrieben, z. B.:
  Wir treffen uns also bei dir. Rufst du Julia an?
  Ich habe zwar deine Nummer, aber nicht ihre.
  Kommt ihr mit? Wir holen euch ab. Vergesst euer Schwimmzeug nicht.
- In Briefen kann man sie aber auch großschreiben, z. B.:
  Liebe Julia, wann kommst Du/du? Ich freue mich auf Euren/euren Besuch.

Bei Briefen, in denen Sie die **Höflichkeitsanrede** verwenden, müssen Sie sich bei jedem *Sie, Ihr, Ihnen* klarmachen, ob es sich um Anredepronomen (groß) oder dritte Person Plural bzw. Femininum Singular (klein) handelt.

4 Setzen Sie inhaltlich passende Anredepronomen in die Lücken und schreiben Sie sie richtig – groß oder klein!

Sehr geehrte Frau Meyer,

ich schreibe ______________, weil ich von ______________ Mieterin, Frau Merten, gehört habe, dass in

______________ Haus in der Klosterstraße 15 zum 1. September eine Zweizimmerwohnung frei wird.

Ich bin daran interessiert, __________ zu mieten, und bitte __________, mir mitzuteilen, ob __________

noch frei ist und wann ich __________ besichtigen kann. Es wäre nett, wenn __________ mich telefonisch

unter 0555 123456 benachrichtigen könnten.

Ich danke ______________ im Voraus und grüße __________ vielmals.

______________ Silvia Grundig

Tageszeiten und Wochentage

! ***morgens und abends – morgen Abend***

- Bezeichnungen für Tageszeiten und Wochentage werden **als Nomen großgeschrieben.** Kennzeichen sind wieder die Begleiter (→ S. 37), z. B.: *der Morgen, dieser Morgen, gegen Morgen, am Mittag, eines Abends, des Abends, guten Abend sagen, an einem Samstagabend.*
- Die **Adverbien** zur Bezeichnung von Tageszeiten und Wochentagen werden **kleingeschrieben.** Man erkennt sie an der Endung *-s*, z. B.: *morgens, abends, drei Uhr nachmittags; sonntags, sonntagabends, wochentags.*
- **Kombinierte Formen:** Auch nach den kleingeschriebenen Adverbien *gestern, heute, morgen* werden die Tageszeiten als Nomen großgeschrieben: *gestern Abend, heute Morgen, morgen Nachmittag.*

5 Schreiben Sie die Zeitangaben richtig am Rand neben den Text.

Manche sagen, MORGENS um acht sei die Welt noch in Ordnung. ______________________

Aber das stimmt nicht, MONTAGMORGENS jedenfalls stimmt es ______________________

nicht. Da bin ich immer noch so müde vom SONNTAGABEND. ______________________

Zugegeben, es wäre sicher besser, wenn ich am SONNTAG ______________________

nicht ausginge, jedenfalls nicht ABENDS spät. Nun gut, ______________________

MORGEN ABEND werde ich auf jeden Fall früh schlafen gehen, ______________________

damit ich ÜBERMORGEN zur Klausur ausgeschlafen bin ... ______________________

! **TIPP: Wörterbuch nutzen**

Schlagen Sie bei Unsicherheit möglichst oft in einem Rechtschreibwörterbuch nach und studieren Sie dabei gelegentlich einen der Kästen mit Erklärungen. Dadurch vertiefen Sie Ihr Verständnis für die Rechtschreibregeln.

Farb-, Sprach- und Herkunftsbezeichnungen

! **TIPP: Farben, Sprachen, Herkunft**

- **Kleingeschrieben** werden **Adjektive** oder **Adverbien,** z. B.:
  Die französische Flagge ist blau-weiß-rot. Ihr wurde schwarz vor den Augen. Das kommt mir spanisch vor. Ein deutsch-französisches Wörterbuch.
- Achten Sie für die **Großschreibung** auf **Nomensignale** (→ S. 37), z. B.:
  die Grünen, dieses Blau gefällt mir, [das] Schwarz steht mir nicht, bei Gelb solltest du anhalten; das Englische, auf Französisch, im Spanischen, mein Finnisch. Wir sprechen leider kein Russisch.
- **Großgeschrieben** werden **Herkunftsbezeichnungen** *auf -er, z. B.:*
  der Kölner Dom, die Londoner Musikszene, Schweizer Käse, die New Yorker Börse.

6 Schreiben Sie die in Großbuchstaben gesetzten Wörter rechts neben den Text. Entscheiden Sie, ob groß- oder kleinzuschreiben ist; wenden Sie die Regeln aus dem Tipp oben an.

Im DEUTSCHEN gibt es viele Wörter aus dem ____________________

FRANZÖSISCHEN. Das Wort „Portmonee" zum Beispiel ____________________

kommt von dem FRANZÖSISCHEN Wort „porte-monnaie". ____________________

Wer weiß, was das auf DEUTSCH heißt? Vielleicht Elvira; ____________________

seit ihrem Aufenthalt bei einer PARISER Familie spricht sie ____________________

wirklich ein gutes FRANZÖSISCH. ____________________

4.5 Getrennt- und Zusammenschreibung

Wörter werden – auch in Wortgruppen – im Deutschen in der Regel getrennt geschrieben.
Zusammen schreibt man, wenn zwei oder mehr Wörter gemeinsam eine neue Bedeutung haben.
Schwierigkeiten machen vor allem die Verbindungen mit Verben.

! **Verbindungen mit Verben**

In der Regel **getrennt geschrieben** werden folgende Verbindungen mit Verben:

- **Nomen + Verb,** z. B.: *Angst haben, Auto fahren, Rad fahren, Not leiden, Anteil nehmen, Folge leisten;*
- **Infinitiv + Verb,** z. B.: *spazieren gehen, lesen üben, tanzen lernen, schwimmen gehen.*
  Aber: Bei im übertragenen Sinne gebrauchten Verbindungen mit *bleiben* und *lassen* kann zusammengeschrieben werden, z. B.: *in der Schule sitzenbleiben / sitzen bleiben.*
  Getrennt und zusammen richtig: *kennen lernen / kennenlernen.*
- Alle **Verbindungen mit sein,** z. B.: *da sein, vorhanden sein, zurück sein, pleite sein, schuld sein, beisammen sein;*
- **Adjektiv + Verb,** z. B.: *laut lachen, schnell laufen, kritisch lesen* (vgl. aber unten);
  aber: bezeichnen die Adjektive das Ergebnis eines Vorgangs (sog. resultative Adjektive), kann auch zusammengeschrieben werden, z. B.: *blank reiben / blankreiben.*
- **Partizip + Verb,** z. B.: *getrennt schreiben, gesagt bekommen, gefangen nehmen;*
  aber: bei übertragener Bedeutung ist auch Zusammenschreibung möglich:
  verloren gehen / verlorengehen, bekannt machen / bekanntmachen.

Als Nomen verwendet werden alle diese Verbindungen **zusammengeschrieben,** z. B.:
das Radfahren, das Kennenlernen, das Beisammensein, etwas Selbstgebackenes.

Zusammengeschrieben werden in der Regel Verbindungen
- aus **verblasstem Nomen + Verb,** z. B.: *heimkehren, irreführen, pleitegehen, preisgeben, standhalten, stattfinden, teilnehmen, maßhalten, kopfstehen, eislaufen, leidtun.* Der verblasste Wortbestandteil wird in manchen Formen abgetrennt, z. B.: *Er steht kopf. Ich gebe nichts preis.*
- aus einem **ersten Bestandteil, der nicht selbstständig vorkommt, + Verb:** *fehlschlagen, kundgeben, brachliegen, weismachen, wettmachen, innewerden;*
- aus **Adverb + Verb** oder **Präposition + Verb** (dabei liegt der Hauptakzent, die Betonung, auf dem Adverb bzw. der Präposition): *abh**a**ndenkommen, **auf**machen, ausein**a**ndersetzen, bev**o**rstehen, dab**ei**sitzen, dah**e**rkommen, durchein**a**nderbringen, über**ei**nstimmen, **ü**berhandnehmen, vor**a**nbringen, w**ei**tersagen, zuein**a**nderfinden, zus**a**mmentragen, zur**ü**ckkommen.*
  Aber: In manchen Fällen ist ein adverbialer Gebrauch möglich; dann werden beide Bestandteile betont und es wird getrennt geschrieben. Vergleichen Sie: *Ich würde gern dab**ei**sitzen / d**a**bei s**i**tzen. Im März werden wir uns w**ie**dersehen / w**ie**der s**e**hen.*
- aus **Adjektiv + Verb,** wenn eine **neue Gesamtbedeutung** entsteht; die Verbindung ist dann nicht wörtlich, sondern in einem übertragenen Sinn gemeint, z. B.:
  klarmachen = etwas verständlich machen, sich näherkommen = sich besser kennen lernen, richtigstellen = etwas berichtigen, schwerfallen = etwas mit Mühe erledigen.

1 Erklären Sie die (hier korrekte) Getrennt- oder Zusammenschreibung der folgenden Verbverbindungen.

spazieren gehen	nahestehen	Fuß fassen	gegenüberstellen
Inf. + Verb ___	___	___	___
das Kennenlernen	kundgeben	gefangen nehmen	Not leiden
___	___	___	___
wettmachen	lesen lernen	weissagen	schuld sein
___	___	___	___
Rad fahren	schiefgehen	besuchen kommen	übereinanderlegen
___	___	___	___

2 Bilden Sie aus den Wortbestandteilen in der linken und in der rechten Spalte möglichst viele Verbverbindungen und schreiben Sie sie den Regeln entsprechend getrennt oder zusammen auf.

leicht krank richtig tot
bekannt bereit schwarz

fallen schlagen stellen
arbeiten schreiben werden

___
___
___
___

TIPP: Schwierigkeiten mit zu?

Unterscheiden Sie: *Man muss die Tür zumachen. Da ist nichts zu machen.*
Probe: Im ersten Fall wird die Vorsilbe *zu*, im zweiten Fall das Verb betont.

3 Ergänzen Sie die folgenden Sätze. Entscheiden Sie, ob getrennt oder zusammengeschrieben werden muss.

1. *Jetzt habe ich vergessen, die Fenster* ______ . *(zu schließen)*
2. *Könntest du bitte noch* ______ ? *(zu schließen)*
3. *Können Sie mir das fest* ______ ? *(zu sagen)*
4. *Er hat wirklich nichts* ______ . *(zu sagen)*
5. *Wir könnten versuchen, hier* ______ . *(zu parken)*
6. *Du darfst die Ausfahrt nicht* ______ . *(zu parken)*

TIPP: „Ich weiß so viel – soviel ich weiß"

Immer **getrennt:** *zu viel(e), wie viel(e), so viel(e).*

Aber: Die **Konjunktion *soviel*** wird – ebenso wie *sobald, sofern, solange, sooft, soweit, sowie* – zusammengeschrieben. Bei der Konjunktion liegt die Betonung auf der letzten Silbe *(soviel, sofern)*, während bei dem **Adverb *so viel*** beide Bestandteile betont sind. Unterscheiden Sie also:

Ich weiß so viel wie du.	**Aber:** *Soviel ich weiß, kommen wir um zehn Uhr an.*
Er hat so lange geschlafen.	**Aber:** *Solange er schläft, müssen wir leise sein.*

4 Schließen Sie die Lücken in den folgenden Sätzen. Wählen Sie geeignete Wörter aus.

zu viel   so viel   soviel   so weit   soweit   so bald   sobald

1. *Habe ich euch* ______ *versprochen?*
2. ______ *ich weiß, ist der Roman von Theodor Fontane.*
3. *Wir rufen an,* ______ *wir ankommen.*
4. *Am 14. Juli war es endlich* ______ *, wir konnten fahren.*
5. *Ich muss doppelt* ______ *bezahlen wie du.*

TIPP: Zweifelsfälle

Die Getrennt- und Zusammenschreibung ist ein nicht ganz einfaches Kapitel der Rechtschreibung.
Schlagen Sie im Zweifelsfall in einem aktuellen (!) Rechtschreibwörterbuch nach.
In einigen Fällen sind **beide Schreibweisen richtig,** z.B.: *an Stelle von* und *anstelle von, zu Gunsten* und *zugunsten, in Frage stellen* und *infrage stellen, ernst gemeint* und *ernstgemeint, nicht öffentlich* und *nichtöffentlich, allein erziehend* und *alleinerziehend, gut gemeint* und *gutgemeint, selbst gebacken* und *selbstgebacken, Rat suchend* und *ratsuchend, ein Zeit sparendes Verfahren* und *ein zeitsparendes Verfahren.*
Am besten schlagen Sie in Zweifelsfällen nach.

4.6 Fremdwörter

Die Rechtschreibung der Fremdwörter ist schwierig, weil manche Fremdwörter an die deutsche Schreibweise angepasst werden, während für andere weiterhin die Regeln der Herkunftssprache gelten. Wenn Sie unsicher sind, sollten Sie nachschlagen, in einem Fremdwörterbuch oder auch in einem aktuellen Rechtschreibwörterbuch.

! **Wichtige Regeln zur Fremdwortschreibung**

Einige Regeln gelten für die Schreibweise vieler Fremdwörter, sodass es sich lohnt, sie zu merken:

- Die Endungen ***-in[e], -ite*** werden trotz des lang gesprochenen Vokals ***i*** nicht mit *ie* geschrieben, z. B.: *Termin, Maschine, Elite* (→ S. 34).
- Ob **Konsonanten verdoppelt** werden oder nicht, lässt sich nicht nach den gängigen Regeln der deutschen Rechtschreibung entscheiden: Auch nach unbetontem kurzem Vokal kann bei Fremdwörtern verdoppelt werden, z. B.: *attraktiv, Differenz, suggerieren;* andererseits wird manchmal trotz kurzem und betontem Vokal nicht verdoppelt, z. B.: *Kamera, Ananas.* Schauen Sie in Zweifelsfällen in einem Rechtschreibwörterbuch nach.
  Ein ***s*** wird nie verdoppelt, wenn ein weiterer Konsonant folgt, z. B.: *Floskel, Plasma, Distanz.*
  Der ***k-Laut*** wird auch nach kurzem Vokal nicht zu *ck*, z. B.: *Charakter, aktiv, Sektor.*
  Fremdwörter aus dem Lateinischen schreibt man manchmal mit *kk*, z. B.: *akkurat, Akklamation.*
- Der ***t-Laut*** wird häufig – bei Fremdwörtern aus dem Griechischen – als *th* geschrieben, z. B.: *Orthografie, Ethnologie, Rhythmus.*
  Neuerdings darf man etliche Wörter auch mit einfachem *t* schreiben: *Tunfisch* neben *Thunfisch* und *Panter* neben *Panther.*
- Auch der ***ph-Laut*** deutet auf eine Herkunft aus dem Griechischen. Viele Wörter werden inzwischen mit *f* geschrieben, z. B. *Geografie, Foto, Megafon, Delfin,* können jedoch auch mit *ph* geschrieben werden. **Aber** Vorsicht: Es bleibt bei *Philosophie, Phänomen, Metapher* und *Sphäre.*
- Die **Eindeutschung** führt dazu, dass es nicht selten zwei Schreibweisen gibt, z. B.: *Schikoree* (neben *Chicorée*), *Portmonee* (neben *Portemonnaie*), *Happyend* (neben *Happy End*), *puschen* (neben *pushen*), *Potenzial* (neben *Potential*).

1 Ergänzen Sie in den folgenden Wörtern den stimmlosen *s*-Laut: *s, ss* oder *c.*
Schlagen Sie in einem Fremdwörterbuch nach, wenn Sie unsicher sind.

a____imilieren	*Di____ku____ion*	*Fru____tration*	*La____o*	*Proze__*
A____oziation	*E____kalation*	*Ho____pital*	*Mikro____kop*	*Reze____ion*
ä____thetisch	*E____ay*	*Ka____ette*	*Mu____kat*	*Sarka____mus*
Balan____e	*e____enziell*	*Kompa__*	*Narzi____mus*	*seriö__*
Chan____e	*Exze__*	*Kompo____t*	*Nuan____e*	*Servi____e*
Chan____on	*Fa____ette*	*Ko____metik*	*Phanta____ma*	*Terra____e*
____ity	*Fa____ade*	*Ko____mos*	*piani____imo*	*Tran____e*
Di____krepanz	*for____ieren*	*Kri____tall*	*Prämi____e*	*Tra____e*

2 Streichen Sie die falsch geschriebenen Wörter durch. Wenn Sie unsicher sind, raten Sie nicht, sondern sehen Sie lieber im Wörterbuch nach. Prägen Sie sich das Schriftbild ein, indem Sie die Wörter noch einmal in der richtigen Schreibweise neben die Zeilen schreiben.

diferenzieren	differentieren	differenzieren	______________
Dissonanz	Disonnanz	Dissonnanz	______________
Atmosphere	Atmosphäre	Athmosphäre	______________
Rhytmus	Rhythmus	Rythmus	______________
symetrisch	symmetrisch	symmethrisch	______________
Carakter	Charackter	Charakter	______________
Komission	Kommission	Kommision	______________
Sugestion	Sugesstion	Suggestion	______________
professionell	professionel	proffessionell	______________
Toleranz	Tolleranz	Tolerantz	______________

3 Ergänzen Sie die fehlenden Konsonanten. Die Beispiele sind alphabetisch geordnet – sehen Sie in einem Wörterbuch nach, wo Sie unsicher sind. Um sich das Schriftbild einzuprägen, sollten Sie die Wörter noch einmal auf ein Blatt Papier oder in Ihre Rechtschreibkartei schreiben.

A___ression	*A___ordeon*	*A___arat*
a___ozial	*a___oziieren*	*Ba___ast*
Di___tat	*Dire___tor*	*E___e___t*
fa___tisch	*Ga___erie*	*Gi___arre*
Inspe___tor	*Kolo___e*	*Ko___ando*
Komplo___	*Kontro___e*	*Nu___er*
nu___erieren	*Pa___ast*	*pla___ieren*
Porze___an	*pra___tisch*	*progra___ieren*
Qua___ität	*su___estiv*	

4.7 Binde- und Trennstrich

Mit einem **Bindestrich** schreibt man **Zusammensetzungen** wie z. B. *die deutsch-französischen Beziehungen, i-Punkt, pH-Wert, eine 15-Jährige, die 800-Jahr-Feier* usw.
Bindestrich-Schreibung ist möglich und sinnvoll **bei komplexen, unübersichtlichen Zusammensetzungen,** um die beiden Bestandteile deutlicher erkennbar zu machen, z. B.: *Ich-Form, Kann-Bestimmung, Kaffee-Export.*
Wenn Sie mit Bindestrich schreiben, gilt für die Groß- oder Kleinschreibung folgende Regel:
Bei Nominal-Zusammensetzungen mit Bindestrich wird – unabhängig von der Wortart – **das erste Wort großgeschrieben,** die folgenden Bestandteile werden je nach Wortart klein- oder großgeschrieben. Nominalisierte Wörter gelten dabei wieder als Nomen, z. B.: *die Ich-Erzählerin, der Fulltime-Job, das Déjà-vu-Erlebnis, im O-Ton, die Mund-zu-Mund-Beatmung, das Auf-den-Punkt-Bringen.*

1 Machen Sie folgende Zusammensetzungen übersichtlicher, indem Sie sie mit Bindestrich schreiben. Beachten Sie dabei die Regeln zur Groß- und Kleinschreibung.

der ROMEOUNDJULIASTOFF ______________________

die CDURTONLEITER ______________________

die DOITYOURSELFBEWEGUNG ______________________

die 35STUNDENWOCHE ______________________

das AUFUNDABGEHEN ______________________

! **TIPP: Ergänzungsstrich**

Der Ergänzungsstrich zeigt an, dass ein gemeinsamer Wortbestandteil ausgelassen wurde, z. B.:
Vor- und Nachteile, Hoch- und Weitsprung, be- und entladen; Gemüsesuppen und -aufläufe.

2 Lassen Sie den gleich lautenden Bestandteil aus und kennzeichnen Sie die Auslassung.

1. *aufwärts und abwärts* ______________________
2. *Übungsbücher und Übungshefte* ______________________
3. *Analysemethoden und Interpretationsmethoden* ______________________
4. *Standardlösungen und individuelle Lösungen* ______________________
5. *Wahlergebnis und Wahlbeteiligung* ______________________

! **TIPP: Silbentrennung am Zeilenende**

Bei **aufeinanderfolgenden Konsonanten** kommt der letzte – abgetrennt mit einem Trennstrich – auf die neue Zeile, z. B.: *sol-len, müs-sen, fan-gen, Hit-ze, ras-ten, imp-fen, bes-ter, knusp-rig.*
Aber: Nicht getrennt werden die Buchstabenverbindungen ck, ch, sch; ph, th, z. B.: *we-cken, Sa-che, mi-schen, deut-sche, Stro-phe, Zi-ther.*
Trennen Sie bei Zusammensetzungen nach Wortbestandteilen, also nicht *Julia-bend* (weil einzelne Vokale nicht abgetrennt werden dürfen, auch nicht in Zusammensetzungen), sondern *Juli-abend.* Der PC trennt (meistens) richtig. Überprüfen Sie die Trennungen trotzdem und lernen Sie dabei für Ihren handschriftlichen Gebrauch, wie man korrekt trennt. Im Übrigen müssen Sie nicht trennen – also vermeiden Sie es, wo Sie unsicher sind oder wo die **Lesbarkeit** leiden könnte!

4.8 Fehlerdiagnose Rechtschreibung – Trainingstexte

- Richtige Rechtschreibung ist nicht nur eine Frage der Regelkenntnis, sondern auch der Konzentration, besonders wenn Sie zu Flüchtigkeitsfehlern neigen.
- Konzentriertes Korrekturlesen kann man trainieren. Lesen Sie bewusst langsam, sprechen Sie den ganzen Text oder einzelne Wörter halblaut vor sich hin, ohne Endungen zu verschlucken.
- Wenn Sie merken, dass Sie zu schnell lesen, probieren Sie einmal Folgendes: Decken Sie den Text mit einem Blatt ab, das Sie nur nach und nach aufdecken.
- Wenn Ihnen ein Wort „komisch" vorkommt, schreiben Sie es zur Probe in anderer Schreibweise auf einen Zettel.
- Denken Sie an die Rechtschreibproben: Ableiten, Verlängern (→ S. 32), kurz oder lang? (→ S. 34), Nomensignale? (→ S. 37).

1 Für viele Schreibende ist die Groß- und Kleinschreibung die hauptsächliche Fehlerquelle.
Korrigieren Sie den folgenden Text, indem Sie alle Nomen und nominalisierten Wörter markieren.

Steven Roger Fischer: **Weltsprache** (Auszug, 2003)

Bald werden alle sprachen der welt bis auf einen kleinen überrest verschwunden sein und nur eine sprache für die ganze menschheit zurücklassen. Mit diesem verlust wird die neue globale gesellschaft einen bislang ungekannten grad an kommunikation erreichen, der allen bereichen des menschlichen handelns nutzen bringt. Wir werden einen großteil der kulturellen vielfalt der erde verlieren, aber gleichzeitig ein neues zugehörigkeitsgefühl gewinnen, eine neue weltordnung. Viele befürchten jedoch, dass mit einer einzigen weltsprache die gefahr beispielloser politischer manipulation, propaganda und kontrolle wachsen wird. Der verlust der muttersprache führe, so meinen sie, zum verlust der kulturellen identität und zu einem wachsenden gefühl der entfremdung. Eine weltsprache könnte vorteile bringen, aber vielleicht ist der preis dafür zu hoch. Wie immer die sprachliche zukunft der erde aussehen mag, die sprache wird sich weiterhin gemeinsam mit der menschheit entwickeln, wie sie es seit etwa einer million jahren getan hat.

2 Im folgenden Text gibt es 22 Rechtschreibfehler.
Markieren Sie die Fehler im Text und schreiben Sie das Wort richtig an den Rand.

Über Stanislav Lem

Stanislaw Lem, 1921–2006, studirte Medizin und beschäftigte sich mit Physik, Kybernethik, Mathematik und Philosophie. Er gründete die Polnische astronautische Geselschaft und arbeitete als Assisstent für angewante Psychologie. Er war als Übersetzer, Autoschlosser und Monteur tätig, befor er mit seinen Science Fiction Romanen weltberühmt wurde. Er lebte mit seiner Frau, einer Radiologin, in der nähe von Krakau.

In vielen seiner Bücher hat Lem kümftige Entwicklungen wie die Gentechnik, die Nanotechnik oder den Bargeldlosen Zahlungsverkehr vorher gesagt.

Doch mittlerweile ist der erfolgreiche polnische Science-Fiction-Autor zu einem endschiedenen Kritiker dieser gattung geworden: Seine futorologischen Visionen wie die reizvollen Ausflüge in den virtuellen Raum oder bemannte Flüge zu fernen Planeten seien nur Wahngebilde. In seinem vieleicht bekantesten Roman „Solaris“ steht der Satz: „Wir brauchen keine anderen Welten, wir brauchen nur Spiegel.“ Statt über techniche „Wahnideen“ schreibt er Heute lieber über den Umgang mit der kaum zu bändigenden modernen Wissensflut und den gefehrlichen Trent zu „Wissensmonokulturen“.

3 Überprüfen Sie auch im folgenden Text die Rechtschreibung.
Es gibt 25 Fehler (von denen das Rechtschreibprogramm des Computers übrigens nur 17 entdeckt).
Markieren Sie die Fehler und schreiben Sie das Wort richtig an den Rand.

Jostein Gaarder: **Sofies Welt** (Auszug, 1991)

Ich werde erzählen, wie die Renaissance auch eine neue wissenschaftliche Metode endwickelt hat. [...] Es ging vor Allem darum, die Natur mit den eigenen Sinnen zu untersuchen. Bereits seit anfang des 14. Jahrhunderts warnten mehr und mehr Stimmen vor dem blinden Glauben an alte Authoritäten. Als solche Autoritäten galten sowohl kirchliche Lehrsätze als auch die aristothelische Naturphilosophie. Auch vor der Überzeugung, ein Problem ließe sich durch blosses nachdenken lösen, wurde gewarnt. Ein solch übertriebenes vertrauen in die Bedeutung der Vernunft hatte wärend des gesammten Mittelalters vorgeherscht. Jetzt hieß es, dass die untersuchung der Natur grundsetzlich auf Beobachtung, Erfahrung und Experiment aufbauen müsse. Diese Methode bezeichnen wir als empirisch. [...] Dass bedeutet einfach nur, das wir unsere Kentniss der Dinge aus eigenen Erfahrungen beziehen – und nicht aus verstaubten Buchrollen oder Hirngespinsten. Auch in der Antike wurde empirische Wissenschaft betrieben. So hat ja auch Aristoteles fiele wichtige Beobachtungen in der Natur angestellt. Aber systematische Experimente wahren etwas vollständig neues. [...] Man solle messen, was sich messen läßt, und das, was sich nicht messen lässt, meßbar machen, sagte Galileo Galilei, einer der aller wichtigsten Wissenschafftler des 17. Jahrhunderts. Er sagte auch, dass Buch der Natur sei in der Sprache der Mathematik geschrieben.

5 Stil und Ausdruck

Gedanken, die man im Kopf hat, kann man in Sätzen und Texten manchmal nicht ohne Weiteres so formulieren, dass sich eine logisch schlüssige Abfolge ergibt. Zudem schleichen sich im Eifer der inhaltlichen Arbeit nicht selten grammatische Fehler ein, die den Leser oder die Leserin eines Satzes ratlos zurücklassen.
Trainieren Sie, auch kompliziertere Überlegungen einfach, richtig und elegant auszudrücken. Gelegenheit dazu gibt Ihnen dieses Kapitel.

5.1 „Hier stimmt etwas nicht" – gedanklich klar und genau formulieren

Bisweilen ist man von der Kompliziertheit einer Darlegung so gefangen genommen, dass es einem nicht gelingt, den Sachverhalt angemessen zur Sprache zu bringen. Das Problem liegt häufig darin, dass die einzelnen Gedanken im Text nicht klar genug aufeinander bezogen sind und die Aussage dadurch missverständlich oder gar völlig unverständlich wird. Man spricht in diesem Fall von fehlender **Textkohärenz.**

! **Kohärenz und Kohäsion**

Die Sprachwissenschaft unterscheidet Kohärenz und Kohäsion eines Textes:
- **Kohärenz** bezeichnet den *gedanklichen Zusammenhang* in einem Text.
- **Kohäsion** meint die *sprachliche Gestaltung* dieses Zusammenhangs.

1 Zu DM-Zeiten gab es in einem kleinen Ort ein Schild, auf dem stand:

> Dieser Weg ist kein Weg.
> Wer es trotzdem tut, zahlt 5 DM und
> fließt in die Gemeindekasse.

a Überlegen Sie, welche Formulierungen bei Ihnen Heiterkeit oder Verwunderung ausgelöst haben.
b Sicher haben Sie bemerkt, dass hier – obwohl man den Sinn insgesamt versteht – Aussagen falsch miteinander verbunden sind. Es gibt verschiedene Möglichkeiten, diese Bezugsprobleme zu lösen. Entwerfen Sie den Text für ein neues, sprachlich korrektes Schild.

! **TIPP: „Was will ich sagen?"**

Gedankliche Bezüge richtig darzustellen, erfordert hohe Aufmerksamkeit. Wenn Ihnen beim Überlesen Ihres Textes eine Stelle nicht ganz klar vorkommt, fragen Sie sich: Was genau wollte ich sagen?

2 **a** Überprüfen Sie die folgenden Sätze und richten Sie Ihr Augenmerk auf die durch Fettdruck hervorgehobenen Stellen. Machen Sie sich bewusst, was da nicht stimmt. Verbessern Sie die Sätze, indem Sie sie umschreiben und dabei klare gedankliche Bezüge herstellen.
b Begründen Sie Ihre Veränderung.

1. *Der Text behandelt* ***das Thema, in dem es um*** *die Kommerzialisierung des Kunstbetriebs geht.*

2. *In diesem Akt wird Emilia mitgeteilt, dass sie noch* ***heute*** *den Grafen Appiani heiraten soll.*

3. *In der zu analysierenden Szene* ***spielt einmal*** *die Gräfin Orsina, die eine gebildete, selbstbewusste Frau ist,* ***andererseits*** *Marinelli.*

4. *Das Theaterstück will die Zuschauer* ***anregen, inwiefern*** *sie selbst auch nicht frei von rassistischen Gefühlen sind.*

5. *In der Sendung ging es um bestimmte Computerspiele, insbesondere um* ***die Suchtgefahr und Gewaltverherrlichung, die beim Spielen auftreten kann.***

! TIPP: „als" nicht vergessen!

Beim Gebrauch der Verben *beschreiben, darstellen, schildern, charakterisieren, zeigen* ist manchmal die Konjunktion *als* erforderlich. Achten Sie beim Schreiben darauf.

3 Wandeln Sie die folgenden Wortreihen in sinnvolle Sätze um.
Entscheiden Sie, ob ein „als" eingefügt werden muss.

Der Historiker *Napoleon* *egozentrisch* *darstellen*

Die Autorin *Vorgänge* *sehr anschaulich* *schildern*

Die Zeitung *Politiker* *streitsüchtig* *charakterisieren*

Komposita logisch richtig anschließen

4 Kreuzen Sie an, was die Aussage des folgenden Beispielsatzes ist.

„Hier kann man die Interviewtechnik mit Politikern studieren."

- A Hier kann man zusammen mit Politikern Interviewtechnik studieren.
- B Hier kann man die Technik eines Interviews mit Politikern studieren.

! **TIPP: Vorsicht bei Komposita**

Bei einem Kompositum (einem zusammengesetzten Wort) wird nur an das letzte Teilwort logisch angeschlossen, z. B. mit einer Präposition.

5 Überlegen Sie, was mit den folgenden Sätzen vermutlich gemeint ist, und schreiben Sie die Sätze in logisch korrekter Zuordnung neu auf.

1. *Die USA haben ihre Abzugspläne aus dem Irak präzisiert.*

____

2. *Wir lehnen diese Umgangsart mit dem Problem ab.*

____

3. *Ein Symptom ihrer Krankheit ist der ständige Wiederholungszwang von bestimmten Handlungen.*

____

____

Den logischen Gehalt von Wörtern beachten

Beim Schreiben ist es manchmal wichtig, sich das, was gesagt werden soll, möglichst konkret vorzustellen, damit es nicht zu unlogischen Formulierungen kommt.

! **TIPP: „zwischen"**

„Zwischen" kann nur im Hinblick auf zwei oder mehr verschiedene Sachen, Personen oder Sachverhalte A und B verwendet werden: zwischen A und B.

Wenn nur eine einzige Sache oder Person A genannt ist, kann „zwischen" nicht gebraucht werden, auch wenn A dem Sinne nach mehrere Personen oder Sachen umfasst.

6 **a** In welchen der folgenden Sätze ist die Präposition „zwischen" falsch verwendet worden? Kreuzen Sie an.
b Formulieren Sie die Sätze so um, dass sie logisch korrekt sind.

- *Die Aufgaben werden zwischen der Kursgruppe aufgeteilt.*
- *Passau liegt zwischen Regensburg und Linz.*
- *Zwischen dem Ehepaar kam es häufig zum Streit.*
- *Die Wähler sehen kaum noch einen Unterschied zwischen den beiden Parteien.*

____

____

5.2 Sätze richtig und übersichtlich konstruieren

Konstruktionsfehler machen es einem Leser oder einer Leserin schwer, die Aussage eines Satzes oder eines Textes zu verstehen: Grammatische Kongruenz (→ S. 18) ist wichtig.

Auf Kongruenz achten

1 Lesen Sie den folgenden Text.

Clever und Smart wollen einen Stein aus einer Mauer ziehen. Sie verankern ein Seil an dem Stein und binden es an ein Motorrad, das von Clever gefahren wird. Smart sitzt hinten auf dem zweiten Sitz und verspricht, Bescheid zu sagen, wenn er sich lockert.

a Lesen Sie den Text und markieren Sie, welche Formulierung die komische Wirkung hervorruft.
b Verbinden Sie das Personalpronomen (→ S. 6) durch einen Pfeil mit seinem inhaltlich gemeinten Bezugswort. Ziehen Sie eine weitere Linie zu dem Wort, auf das man dieses Pronomen fälschlich bezieht, weil es näher bei dem Pronomen steht als das gemeinte Bezugswort.

! **TIPP: Pronomen richtig beziehen**

Beziehungsfehler beruhen häufig auf dem falschen Gebrauch von Personal- oder Possessivpronomen (→ S. 6). Achten Sie beim Korrekturlesen besonders auf Pronomen, die sich auf einen vorangehenden Satz beziehen, und überprüfen Sie, ob der Bezug inhaltlich und grammatisch stimmt.

2 **a** Markieren Sie in den folgenden Sätzen jeweils das Personal- bzw. Possessivpronomen, das eine grammatische Beziehung falsch ausdrückt.
b Formulieren Sie die Sätze so um, dass eine inhaltlich und grammatisch korrekte Aussage entsteht.

1. *Das lyrische Ich steht ganz unter dem Eindruck des Naturphänomens. Er fühlt sich befreit.*

___

___

2. *Das Ehepaar versucht, durch eine Reise ihre Beziehung zu retten.*

___

___

3. *Dieses Kapitel des Romans enthält zahlreiche Rückblenden, sodass er ziemlich anstrengend zu lesen ist.*

___

___

4. *Die Autorin bezieht sich in ihrer Erzählung auf ein lange zurückliegendes Ereignis und ihre Folgen für die Bewohner des Dorfes.*

___

___

___

Haupt- und Nebensätze sinnvoll kombinieren

Konjunktionen schaffen Begründungszusammenhänge (→ S. 20–21); werden sie falsch benutzt, geht der Sinn verloren. Außerdem gilt es, den Satzbau zu beachten: **Satzreihe** und **Satzgefüge** (→ S. 20).
In der Umgangssprache hat sich beispielsweise eine falsche Verwendungsform der Konjunktion *weil* eingeschlichen, z. B.: *Hier steht ein Komma, weil das ist ein Nebensatz.* Ein Nebensatz verlangt aber, dass das Verb am Ende steht; richtig muss es daher heißen: …, *weil das ein Nebensatz ist.*

3 **a** Prüfen Sie in jedem Satz, ob die Konjunktion einen einleuchtenden Begründungszusammenhang herstellt.
b Formulieren Sie die Sätze so um, dass sinnvolle Begründungszusammenhänge entstehen.

1. *Nachdem ihr nicht da wart, sind wir gegangen.*

2. *Er sprach immer lauter, damit er die anderen zu überzeugen hoffte.*

3. *Manche Länder erwarten ein so hohes Maß an Unterstützung, dass wir nicht leisten können.*

4. *Eine Glückstherapie versucht unglücklichen Menschen zu helfen, um wieder glücklich zu werden.*

5. *Das Gehirn ist zu komplex, um sein Funktionieren mit dem einfachen Mechanismus von Ursache und Wirkung zu erklären.*

! **Konjunktion und Satzbau**

Es gibt einige Konjunktionen, die gleiche Begründungszusammenhänge ausdrücken, aber einen unterschiedlichen Satzbau verlangen:

- Sowohl *weil* als auch *denn* stellen einen kausalen Begründungszusammenhang her (→ S. 20).
  Die unterordnende Konjunktion *weil* leitet einen Nebensatz ein, wogegen die nebenordnende Konjunktion *denn* einen Hauptsatz einleitet, z. B.:
  Er vertraut ihm, weil er sein Freund ist (NS). Aber: *Er vertraut ihm, denn er ist sein Freund* (HS).
- Die Konjunktion *obwohl* und das Adverb *trotzdem* drücken beide einen konzessiven Begründungszusammenhang aus (→ S. 21), aber *obwohl* leitet einen Nebensatz ein, *trotzdem* schließt einen Hauptsatz an.

4 Die folgenden Sätze beziehen sich auf Friedrich Schillers Drama „Maria Stuart".
a Kreuzen Sie diejenigen Sätze an, die Ihrer Meinung nach verbessert werden müssen.
b Formulieren Sie diese Sätze um.

- *Maria Stuart ist die Hauptperson des Dramas, obwohl sie die Unterlegene ist.*
- *Elisabeth zögert, das rechtswidrige Urteil zu unterzeichnen, weil sie will den guten Schein wahren.*
- *Trotzdem sie widerrechtlich hingerichtet wird, akzeptiert Maria Stuart am Ende ihren Tod.*
- *In der Schlussszene wartet Elisabeth vergeblich auf Leicester, denn dieser „ist zu Schiff nach Frankreich".*

! **TIPP: Korrespondierende Konjunktionen in Satzgefügen**

Es gibt nebensatzeinleitende Konjunktionen, die stets zusammen mit einem zugehörigen Wort im Hauptsatz auftreten. So heißt es z. B. immer: *insofern, als …; daran, dass …; dadurch, dass …; solange, wie …*

5 Verbessern Sie die folgenden Sätze.

1. *Man merkt es daran, weil sie ihn nicht ausreden lässt.*

2. *Diese Lösung ist insofern gut, dass sie alle Parteien zufriedenstellt.*

! **TIPP: „weil wenn …"**

Vermeiden Sie **doppelte Konjunktionen.** Schreiben Sie also z. B. nicht: *Man muss von Anfang an zuhören, weil wenn man den Anfang nicht mitbekommt, versteht man auch das Folgende nicht.* Beenden Sie möglichst zunächst einen Nebensatz, bevor Sie mit einer Konjunktion einen weiteren untergeordneten Satz einleiten.

6 **a** Unterstreichen Sie in den folgenden Sätzen doppelte Konjunktionen.
b Schreiben Sie die Sätze so um, dass diese doppelten Konjunktionen vermieden werden.

1. *Er glaubt, dass wenn er ihr die Wahrheit sagt, sie ihm verzeihen wird.*

2. *Lächeln tut gut, weil wenn man lächelt, verbessert sich auch die eigene Stimmung.*

Die prädikative Klammer nicht überdehnen

Kurze Sätze sind überschaubarer als lange. Sie sind darum weniger fehlerträchtig und vor allem auch leserfreundlicher.

! **Klammersätze**

Im Deutschen kann man mehrteilige Prädikate (→ S. 16) auseinandernehmen und die Teile des Prädikats an verschiedene Stellen des Satzes platzieren. In komplexen Satzgefügen werden die Bestandteile des Prädikats oft so weit auseinandergerückt, dass der Leser oder die Zuhörerin Probleme hat, bei der Informationsaufnahme alles richtig einzuordnen, z. B.:
Er hat das Gedicht in Berlin, wo er mehrere Jahre Philosophie studierte und eine junge Ärztin, die ihr Studium gerade abgeschlossen hatte, traf, geschrieben.

7 Lösen Sie die Überdehnungen in den folgenden Sätzen auf, indem Sie die Teile des Prädikats im Hauptsatz zusammenführen. Schreiben Sie die Sätze um; dabei können Sie auch mehrere Hauptsätze bilden.

Orsina bleibt in dieser Szene, in der sie Marinelli, den Kammerherrn des Prinzen, der die ganze Intrige eingefädelt und auch den Tod von Emilias Bräutigam zu verantworten hat, durchschaut, standhaft.

Vorher hatte sich der Prinz in Emilia, die er in einer Kirche gesehen hatte, wo sie vor ihrer Hochzeit zum Gebet weilte, verliebt.

Überladene Attribute vermeiden

! **TIPP: Attribute nicht überladen!**

Attribute (→ S. 17) erweitern Satzglieder um zusätzliche Informationen. Überladene Attribute machen einen Satz jedoch leicht unübersichtlich oder sogar unverständlich, z. B.:
Andreas Gryphius wählt mit Vorliebe die für das Barock typische und durch ihn zur Perfektion gebrachte Form des Sonetts.

Wandeln Sie überladene Attribute in **Relativsätze** (→ S. 17) um, also:
Andreas Gryphius wählt mit Vorliebe die Form des Sonetts, die für das Barock typisch ist und durch ihn zur Perfektion gebracht wurde.

Oder formulieren Sie einen zweiten **Hauptsatz:**
Andreas Gryphius wählt mit Vorliebe die Form des Sonetts. Diese ist für das Barock typisch und wurde durch ihn zur Perfektion gebracht.

8 **a** Unterstreichen Sie in den folgenden Sätzen die überladenen Attribute.
b Formulieren Sie die Sätze um, indem Sie die überladenen Attribute auflösen.

1. *Der Präsident akzeptierte das Ergebnis der ersten nach vielen Jahren des Bürgerkriegs unter der Kontrolle der Vereinten Nationen demokratisch durchgeführten Wahlen nicht.*

2. *Treichels Roman „Der Verlorene" ist die äußerst komisch erzählte, gleichzeitig aber distanziert wirkende Geschichte von der Suche nach dem auf der Flucht verloren gegangenen Bruder.*

3. *In vielen neueren Bearbeitungen der Ödipus-Sage spielt der von Sigmund Freud Ende des 19. Jahrhunderts aus dem Ödipus-Stoff abgeleitete Begriff des Ödipus-Komplexes – Liebe zur Mutter, Hass auf den Vater – eine zentrale Rolle.*

5.3 „Das Stück ist komisch“ – textartengerecht formulieren

Die Analyse unterschiedlicher Textarten erfordert unterschiedliche Fachtermini. Besonders beim Schreiben von Interpretationsaufsätzen müssen Sie darauf achten, dass Sie den drei Gattungen Lyrik, Epik und Dramatik die jeweils passenden Begriffe zuordnen.

1 Ordnen Sie die folgenden Fachtermini der richtigen Gattung zu, indem Sie eintragen:

E für **Epik** D für **Drama** L für **Lyrik**

Manchmal passen mehrere Zuordnungen. Gleichen Sie mit dem Lösungsheft ab. Wenn Sie viele Fehler gemacht haben, sollten Sie sich Ihre Kursunterlagen bzw. Ihr Lehrbuch noch einmal gründlich anschauen.

Figur ______	Tragödie ______	Kreuzreim ______	Typisierung ______	Erzählperspektive ______
Thema ______	Metrum ______	auftreten ______	Erzählbericht ______	Handlungsstrang ______
Akt ______	Motiv ______	Erzählzeit ______	Enjambement ______	geschlossene Form ______
Szene ______	erzählen ______	Alliteration ______	lyrisches Ich ______	auktorialer Erzähler ______
Ironie ______	Vers ______	Metapher ______	innerer Monolog ______	Verfremdungseffekt ______
Epilog ______	Symbol ______	Protagonist ______		
Zeile ______	Dialog ______	Ich-Erzähler ______		

2 Füllen Sie in den folgenden Sätzen die Lücken. Wählen Sie dazu in der rechten Spalte jeweils den passenden Begriff aus. In einigen Fällen gibt es zwei richtige Lösungen.

In diesem Gedicht bleibt ______________________ eher im Hintergrund.

der Erzähler
der Sprecher
das lyrische Ich

Die Kurzgeschichte wurde von Heinrich Böll geschrieben. ______________________ handelt von der Verlassenheit eines Jungen unmittelbar nach Ende des Zweiten Weltkriegs.

Das Stück
Die Erzählung
Das Buch

Emilia und Graf Appiani überleben das Intrigenspiel nicht. ______________________ hat also einen tragischen Ausgang. Emilia stirbt auf der Bühne; von Appianis Tod erfährt der Zuschauer durch einen Bericht.

Die Geschichte
Das Stück
Die Tragödie

______________________ ihres Gedichts stellt die Autorin die Vergänglichkeit einer vermeintlich ewigen Liebe dar.

Im zweiten Abschnitt
Im zweiten Teil
In der zweiten Strophe

In ______________________ 5 des Gedichts wird dies deutlich.

Zeile
Vers
Linie

5.4 „Langfristig“ oder „langwierig“? – das richtige Wort wählen

1 Füllen Sie die Lücken, indem Sie das passende Wort einsetzen. Denken Sie daran, gegebenenfalls die Flexionsendung anzupassen.

Das Erlernen einer Fremdsprache ist eine ______________________________ Angelegenheit.

langfristig (meist adverbial gebraucht: auf lange Sicht) *langwierig* (viel Zeit beanspruchend)

Die Erklärung des Vaters ist ______________________, denn sie passt nicht zu seinen vorher geäußerten Ansichten.

komisch (zum Lachen reizend, wie in einer Komödie) *seltsam* (eigentümlich, eigenartig, merkwürdig)

Die klare Struktur des Textes macht ihn gut ___________________.

lesbar (inhaltlich aufzunehmen) *leserlich* (als Schrift zu entziffern)

Der Patient ist heute fast ______________________________.

schmerzlos (keine Schmerzen verursachend) *schmerzfrei* (frei von Schmerzen sein)

Auf die ______________________________ zwischen seinen Aussagen hingewiesen, blieb der Angeklagte stumm.

Differenz (Unterschied) *Diskrepanz* (Unstimmigkeit, Widerspruch, Missverhältnis)

Das Ereignis, _______________ in dieser Reportage im Mittelpunkt steht, ist ungewöhnlich.

was (Relativpronomen, das sich auf die gesamte Aussage des übergeordneten Satzes bezieht)
das (Relativpronomen, das sich auf ein Bezugswort im übergeordneten Satz bezieht)

Dann musste ein zweiter Experte hinzgezogen werden, _______________ nicht ungewöhnlich ist.

was (s.o.) *das* (s.o.)

2 **a** Lesen Sie die folgenden Sätze und überlegen Sie jeweils bei dem fett hervorgehobenen Wort, was der Schreiber oder die Schreiberin sagen wollte.
b Notieren Sie eine verbesserte Fassung der Sätze, indem Sie das unpassende Wort durch einen passenden Ausdruck ersetzen.

1. *Sie hatte ihm* ***wissentlich*** *nichts von ihren Plänen gesagt.*

____

2. *Ich* ***appelliere*** *dafür, dass die Exkursion auf den Herbst verschoben wird.*

____

3. *Es ist* ***fragwürdig,*** *ob die Konflikte in absehbarer Zeit gelöst werden können.*

____

4. *Der Autor kommt zu dem* ***Entschluss,*** *dass die Zusammenhänge komplexer sind, als es zunächst scheint.*

____

____

Das richtige Adjektiv wählen

3 Ergänzen Sie das Adjektiv im folgenden Satz richtig.

Er hatte psych______________________ Probleme.

! **TIPP: Das Suffix macht den Unterschied**

Unterscheiden Sie genau zwischen:

monat*ig*	– gibt eine Dauer an
monat*lich*	– gibt einen zeitlichen Rhythmus an, in dem etwas regelmäßig stattfindet
fremdsprach*ig*	– in einer fremden Sprache geschrieben
fremdsprach*lich*	– auf eine Fremdsprache bezogen
ration*al*	– verstandesmäßig, Gegenteil: emotional, gefühlsmäßig
ration*ell*	– wirtschaftlich, kostensparend
form*al*	– die Form betreffend
form*ell*	– förmlich unpersönlich, gesellschaftlichen Konventionen entsprechend
psych*isch*	– seelisch
psych*ologisch*	– die Psychologie/Seelenkunde betreffend, auf ihr beruhend
sozi*al*	– gemeinschaftsbezogen; gemeinnützig, wohltätig
sozi*ologisch*	– die Soziologie/Gesellschaftswissenschaft betreffend, auf ihr beruhend

4 Ergänzen Sie in den folgenden Sätzen die fehlenden Adjektivendungen.
Achten Sie dabei auch auf die grammatische Kongruenz (→ S. 18).

1. *Er verhält sich nicht ration______________________, sondern lässt sich ganz von seinen Gefühlen leiten.*
2. *Sie haben ihnen einen form______________________ Besuch abgestattet.*
3. *In letzter Zeit hatte sie wieder psych______________________ Probleme.*
4. *Nach dreimonat______________________ Aufenthalt in Brasilien kam sie zurück.*
5. *Die Arbeit ist form______________________ in Ordnung, hat aber inhaltliche Schwächen.*
6. *Dieser Zug verkehrt halbstünd______________________.*
7. *Der Täter soll nun psych______________________ untersucht werden.*
8. *Die Firma produzierte nicht mehr ration______________________ und musste Insolvenz anmelden.*
9. *Die Unterschiede zwischen den sozi______________________ Schichten bestehen weiter.*
10. *Die Buchhandlung hat viele fremdsprach______________________ Bücher vorrätig.*
11. *Sie benimmt sich mir gegenüber sehr form______________________.*
12. *Das Schwimmbad hat ganzjähr______________________ geöffnet.*
13. *Er hielt einen zweistünd______________________ Vortrag.*
14. *Eine sozi______________________ Betrachtung des Sachverhalts hat ergeben, dass überwiegend Kinder aus Migrantenfamilien betroffen sind.*

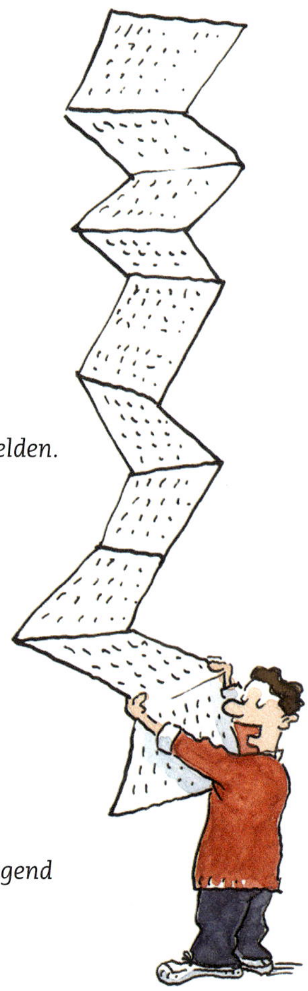

Präpositionen richtig verwenden

! **TIPP: „durch"**

Sie verbessern die Qualität Ihrer Texte, wenn Sie mit der Präposition *durch* sparsam umgehen, unschön ist z. B.: *Durch dieses Problem kam er nicht voran.*

Durch kann man in vielen Fällen ersetzen, probieren Sie aus: *mittels* (+ Genitiv), *wegen* (+ Genitiv), *infolge* (+ Genitiv), *aufgrund* (+ Genitiv), *mithilfe* (+ Genitiv), *im Zusammenhang mit* (+ Dativ), *im Hinblick auf* (+ Akkusativ).

5 Ersetzen Sie in den folgenden Sätzen die Präposition *durch,* indem Sie eine Möglichkeit aus dem Kasten wählen. Achten Sie auf die Kongruenz (→ S. 18), schreiben Sie rechts neben den Satz.

1. *Durch die Krankheit musste sie die Klausur nachschreiben.* ____________
2. *Durch das schlechte Wetter musste das Spiel ausfallen.* ____________
3. *Durch einen Rollstuhl konnte er das Haus wieder verlassen.* ____________
4. *Durch eine Steuerfahndung kam alles heraus.* ____________

6 Ersetzen Sie in jedem der folgenden Sätze eine falsche Präposition. Streichen Sie diese durch und schreiben Sie eine geeignete Alternative rechts neben den Satz. Achten Sie dabei auf den richtigen Kasus.

1. *Auf kurz oder lang war mit dieser Katastrophe zu rechnen.* ____________
2. *Die Kritik gegen dieses Verhalten ist berechtigt.* ____________
3. *Er freut sich an der Note.* ____________
4. *Solche Spiele werden oft als Auslöser für Gewalttaten betrachtet.* ____________
5. *Die Unzufriedenheit über diese Zustände hat zugenommen.* ____________
6. *Gestern hat sie sich über alles erfreut.* ____________
7. *Im Vergleich mit früher gibt es heutzutage mehr Umweltprobleme.* ____________
8. *Ein Vergleich von München zu Hamburg zeigt das.* ____________

7 **a** Ergänzen Sie die Präpositionen, die auf die folgenden Adjektive, Verben und Nomen folgen. In einigen Fällen gibt es zwei Möglichkeiten.
b Überlegen Sie sich jeweils ein Anwendungsbeispiel, um den richtigen Kasusgebrauch zu trainieren.

gewöhnt ______	inspirieren ______	Bedürfnis ______	Zugang ______
geeignet ______	resultieren ______	Überfluss ______	Bedarf ______
erstaunt ______	provozieren ______	Analogie ______	Interesse ______
vertraut ______	spekulieren ______	Ähnlichkeit ______	Respekt ______
gerecht ______	ableiten ______	Anzeichen ______	Verständnis ______
bedacht ______	anspielen ______	Konsequenz ______	Kritik ______

! **TIPP: Schriftsprachliche Präpositionen**

Präpositionen wie *anlässlich, ungeachtet* oder *gemäß* kommen im Alltag selten vor, da sie eher der Schriftsprache angehören. Für das Formulieren in Klausuren sollten Ihnen auch diese Präpositionen zur Verfügung stehen. Versuchen Sie daher, beim Lesen argumentativer Texte Ihren Wortschatz in dieser Hinsicht zu erweitern.

Für den korrekten Gebrauch dieser Präpositionen ist es wichtig zu wissen, ob sie mit **Genitiv** oder **Dativ** (→ S.16) verwendet werden.

8 Streichen Sie in den folgenden Sätzen die falschen Formulierungen durch. Gehen Sie dabei davon aus, dass es sich um einen Klausurtext handelt, in dem ein gehobener Stil erwartet wird.

Seines Alters entsprechend/Seinem Alter entsprechend zeigt er anfangs noch einige Naivität.

Ungeachtet dem Altersunterschied/Ungeachtet des Altersunterschieds verstehen sich beide zunächst gut.

Entgegen seinen Erwartungen/Entgegen seiner Erwartungen soll er ihr zunächst etwas aus einem Drama von Lessing vorlesen.

Trotz den Vorleseaktionen/Trotz der Vorleseaktionen entwickelt er ein starkes Interesse an den Treffen in ihrer Wohnung.

In dieser Szene streiten sie sich wegen dem gemeinsamen Auftritt/wegen des gemeinsamen Auftritts in der Öffentlichkeit.

Schließlich kommt es angesichts ihren Verstrickungen/angesichts ihrer Verstrickungen in den Nationalsozialismus zu einer langjährigen Trennung.

„wo" ist nicht immer „wo"!

! **TIPP: „wo" nur für Ortsangaben**

Fälschlicherweise wird die Ortsangabe *wo* manchmal anstelle eines Relativpronomens mit Präposition verwendet. Unterscheiden Sie zwischen:
- *wo* – Angabe eines Ortes;
- *in/bei/an/zu ... der/dem/denen* – Relativpronomen mit vorangestellter Präposition.

In der Schriftsprache darf *wo* nur dort anstelle eines Relativpronomens mit Präposition verwendet werden, wo es sich wirklich um eine Ortsangabe handelt, z. B.:
Er kam an eine Weggabelung, an der/wo er sich entscheiden musste.

9 Füllen Sie die Lücken.
Entscheiden Sie, ob ein *wo* möglich ist oder ein Relativpronomen mit Präposition eingefügt werden muss.

1. *Manchmal geschehen Dinge, ______________________ man Stellung nehmen muss.*
2. *Es ist ein Verbrechen, ______________________ alle beteiligt sind.*
3. *Hier ist die Stelle, ______________________ wir aufgehört hatten zu lesen.*
4. *Endlich ergibt sich eine Gelegenheit, ______________________ sie mit ihm allein sprechen kann.*
5. *Er denkt sich eine Intrige aus, ______________________ er selbst alle Fäden in der Hand hält.*
6. *So kommt es schließlich zu der Situation, ______________________ sich alles entscheidet.*
7. *Sie suchen einen Platz, ______________________ sie ein Picknick machen können.*

anders, verschieden, unterschiedlich? anscheinend oder scheinbar?

10 Passt im folgenden Satz *anders* oder würden Sie das Wort ersetzen?

Obwohl sie Zwillinge waren, waren sie ganz anders.

11 Kreuzen Sie jeweils die richtige Antwort an (einmal gibt es zwei richtige Antworten). Überprüfen Sie sie mithilfe des Lösungsheftes und merken Sie sich die richtig angekreuzten Sätze als Regeln für den Gebrauch der Wörter.

anders ...
- kann mit „als" kombiniert werden.
- kann nur in Sätzen verwendet werden, in denen von mindestens zwei Personen oder Sachen die Rede ist.
- hat dieselbe Bedeutung wie „verschieden".

verschieden ...
- kann als Adjektiv gesteigert werden.
- trifft eine Aussage über eine Person oder einen Sachverhalt.
- hat zwei Bedeutungen: „mehrere" und „andersartig".

unterschiedlich ...
- ist ein Adverb.
- meint „ungleich", „andersartig".
- kann mit „als" kombiniert werden.

anscheinend ...
- Es ist nicht wirklich so, es sieht nur so aus.
- Es ist nicht ganz sicher, ob es wirklich so ist.
- ist ein Adjektiv.

scheinbar ...
- Es ist nicht ganz sicher, ob es wirklich so ist.
- Es ist nicht wirklich so, es sieht nur so aus.
- Es wird in Scheinen bar bezahlt.

12 **a** Kreuzen Sie diejenigen Sätze an, die Ihrer Meinung nach verbessert werden müssten.
b Streichen Sie in jedem markierten Satz das unpassende Wort durch und ersetzen Sie es in der rechten Spalte durch ein passendes.

Das Drama „Kabale und Liebe" von Friedrich Schiller macht deutlich, dass die Menschen damals je nach Standeszugehörigkeit ganz andere persönliche Entfaltungsmöglichkeiten hatten. ____________________

Beide, der junge Adlige und die junge Bürgerliche, haben verschiedene kulturelle Identitäten. ____________________

Der hohe Adel verfügte über eine absolute Entscheidungsgewalt. Beim Bürgertum war das ganz unterschiedlich. ____________________

Je nach sozialer Lage sah die Zukunft für die Menschen sehr anders aus. ____________________

5.5 „sagen, sagen, sagen" – Wiederholungen vermeiden

Die Qualität Ihres Textes ergibt sich auch aus der Bandbreite des Vokabulars, über das Sie verfügen. Wenn Ihnen zum Beispiel bei der Wiedergabe einer Textaussage außer der Formulierung „Der Autor sagt ..." nichts einfällt, dann ist Ihr Text an diesen Stellen ausdrucksschwach.
Verbessern Sie Ihren Ausdruck, indem Sie sich ein differenziertes Vokabular besonders in den Ausdrucksbereichen aneignen, die in Klausurtexten immer wieder vorkommen.

! **TIPP: Wortspeicher**

Alternativen zum Verb „sagen"
feststellen, darauf aufmerksam machen, dass ..., darauf hinweisen, dass ..., erkennen lassen, erklären, erläutern, mitteilen, konstatieren (= feststellen), *darlegen, darstellen, bezeichnen als, unterscheiden, zum Ausdruck bringen, klarstellen, unterstreichen, behaupten, widersprechen, kritisieren, warnen*

Alternativen zu „sich beschäftigen mit"
eingehen auf, aufzeigen, behandeln (ein Thema, eine Frage usw.), *betrachten, darlegen, deutlich machen, nachweisen, entwickeln, entfalten* (ein Thema, eine These usw.), *Angaben machen zu, handeln von, präsentieren* (Informationen, Ergebnisse usw.), *sich auseinandersetzen mit, sich befassen mit, sich äußern zu, zur Sprache bringen, thematisieren* (ein Problem, einen Gegenstand usw.)

- Nutzen Sie die Wortspeicher, um Ihren Ausdruck zu variieren und zu differenzieren. Legen Sie die Wortspeicher neben sich, wenn Sie Texte verfassen, in denen entsprechende Aussagen gemacht werden sollen.
- Nutzen Sie evtl. zusätzlich den Wortspeicher von PC-Programmen („Thesaurus" oder „Synonyme"), um Alternativen zu weiteren Wörtern zu finden.

1 Füllen Sie mithilfe der Wortspeicher im Tipp den folgenden Lückentext aus.
Manchmal gibt es mehrere Möglichkeiten.

Der Philosoph Karl Jaspers ______________ in seinem Buch „Die Schuldfrage" (1946) mit der Schuld der NS-Verbrecher ______________ . Er ______________ darin das Thema Schuld in grundsätzlicher Form und ______________ idealtypisch vier Formen individueller Schuld.

Die erste ______________ er ________ kriminelle Schuld; sie beruht auf Gesetzesverstößen. Sodann ______________ die moralische Schuld ________, die bei Handlungen vorliegt, die jemand gegen seine moralische Einsicht begeht. Weiter ______________ er den Begriff der politischen Schuld, die entsteht, wenn Einzelne ein Fehlverhalten von Politikern ermöglichen oder dulden. Außerdem ______________ er ______________, dass es eine metaphysische Schuld gibt, die sich für ihn aus der Mitverantwortung des Einzelnen für die Welt ergibt, soweit er darauf Einfluss hat.

! **TIPP: Mut zur Wiederholung**

Es ist wichtig, im Ausdruck variieren zu können, da Ihre Texte sonst eintönig werden. Aber nicht immer gibt es gleichwertige Synonyme. Haben Sie darum keine Bedenken, einen Ausdruck, den Sie für prägnant und treffend halten, zweimal zu verwenden.

5.6 „Er kommt dann raus" – einen angemessenen Stil entwickeln

In Klausuren und Hausarbeiten werden in der Regel ein sachlicher Stil und eine standardsprachliche Ausdrucksweise (Schriftsprache) erwartet. Vermeiden sollten Sie **Stilbrüche,** die entstehen, wenn Sie salopp-umgangssprachliche Ausdrücke einstreuen. In Rechtschreibwörterbüchern sind umgangssprachliche Wörter mit „ugs." gekennzeichnet (→ S. 4). Auch ein allzu gewählter Ausdruck kann übrigens zum Stilbruch führen, wenn er nicht zum sonstigen Sprachstil des Textes passt.
Achten Sie auch darauf, keine unnötigen **Wiederholungen und Füllwörter** einfließen zu lassen. Während sie im mündlichen Sprachgebrauch als Mittel der Kommunikation völlig normal sind, stören sie in einem schriftlichen Text. Vermeiden Sie außerdem einen **Nominalstil,** in dem eine größere Zahl von Nomen durch Präpositionen miteinander verkettet wird, wobei die Verben meist wenig aussagekräftig sind. Im Allgemeinen ist ein **Verbalstil** vorzuziehen, der durch aussagekräftige Verben und eine mäßige Anzahl von Nomen gekennzeichnet ist. Dieser Stil ist leserfreundlicher.
Achtung: In wissenschaftlichen Texten hat der Nominalstil durchaus seine Berechtigung, da er Informationen verdichten und damit das Klassifizieren und Systematisieren von Inhalten erleichtern kann.

Umgangssprache und mündlichen Stil meiden

1 **a** Markieren Sie in dem folgenden Ausschnitt einer Erörterung die störenden umgangssprachlichen Wendungen.
b Formulieren Sie eine verbesserte Version des Textes, indem Sie die umgangssprachlichen durch schriftsprachliche Ausdrücke ersetzen und ggf. überflüssige Füllwörter streichen. An einer Stelle muss auch der Satzbau korrigiert werden.

Im ersten Kapitel geht's um Hintergrundmusik. Ich werde erst mal den Inhalt des Kapitels zusammenfassen. Die Autorin beschreibt, dass, egal wo man ist, andauernd schallt einem Musik entgegen. Die ganzen Werbespots sind mit Musik unterlegt und in den Kaufhäusern soll irgend so ein leises Gedudel im Hintergrund die Verweildauer erhöhen und natürlich auch noch die Kauflust anregen. Man hört das dann ja gar nicht so richtig, aber es ist irgendwie angenehm. Ich persönlich finde das ja super, aber es haben halt nicht alle Leute denselben Geschmack.

Wiederholungen und Füllwörter vermeiden

! **TIPP: Überflüssiges streichen**

Vermeiden Sie beim Schreiben Pleonasmen[1] und Füllwörter wie *ja, auch, sowieso* oder *praktisch*, die Ihrem Text einen unangemessenen mündlichen Anstrich geben und keinen Informationswert haben.

1 **Pleonasmus:** Häufung sinngleicher oder ähnlicher Wörter in einem Satz

2 In den folgenden Sätzen wird etwas doppelt ausgedrückt.
Streichen Sie das Wort, die Silbe oder die Buchstaben durch, die diese Dopplung tragen.

1. *Ich beginne zuerst mit der Beschreibung der Versform.*
2. *Die Verszeilen sind auffällig kurz; der einzigste längere Vers steht in der Gedichtmitte.*
3. *Büchners „Woyzeck" wurde 1913 erstmals uraufgeführt.*
4. *Oft ruft man nach dem Staat, anstatt mental zu überlegen, was man als Einzelner ändern könnte.*

3 Streichen Sie in dem folgenden Text überflüssige Füllwörter.

Als Instetten Effis Briefe an Crampas findet, ist er zornig, was ja auch durchaus verständlich ist, da er damit sozusagen ihre Untreue entdeckt hat. Er findet es natürlich empörend, dass seine Frau ihn betrogen hat, und verstößt sie. Effi verteidigt sich nicht; sie liebt ihren Mann sowieso schon lange nicht mehr.

Verbal- statt Nominalstil

4 Lösen Sie die folgenden Nomen-Ketten auf, indem Sie einige Nomen in Verben umwandeln und die Aussage insgesamt neu organisieren. Dabei können Sie einen Satz auch in mehrere Sätze auflösen.

1. *Die Entdeckung ihrer Briefe an Crampas hat Effis unmittelbare Verstoßung durch Instetten zur Folge.*

____

____

2. *Die Berühmtheit Fontanes beruht auf der eindrücklichen Schilderung der bürgerlichen Gesellschaft seiner Zeit und auf der genauen Beobachtung gesellschaftlicher Veränderungen in seinen Romanen.*

____

____

____

____

3. *Kennzeichen der Literatur der Romantik sind eine Betonung von Gefühlen wie Liebe und Weltschmerz sowie die Abkehr von dem vernunftbetonten Menschenbild der Aufklärung.*

____

____

____

5.7 Stil und Ausdruck – Trainingstext

Unten und auf der folgenden Seite finden Sie einen Klausurtext, der sich auf das Gedicht „blindlings" von Hans Magnus Enzensberger bezieht.

1 Lesen Sie zunächst das Gedicht.

Hans Magnus Enzensberger: **blindlings**

siegreich sein
wird die sache der sehenden
die einäugigen
haben sie in die hand genommen
die macht ergriffen
und den blinden zum könig gemacht

an der abgeriegelten grenze stehn
blindekuhspielende polizisten
zuweilen erhaschen sie einen augenarzt
nach dem gefahndet wird
wegen staatsgefährdender umtriebe

sämtliche leitende herren tragen
ein schwarzes pflästerchen
über dem rechten aug
auf den fundämtern schimmeln
abgeliefert von blindenhunden
herrenlose lupen und brillen

strebsame junge astronomen
lassen sich glasaugen einsetzen
weitblickende eltern
unterrichten ihre kinder beizeiten
in der fortschrittlichen kunst des schielens

der feind schwärzt borwasser ein
für die bindehaut seiner agenten
anständige bürger aber trauen
mit rücksicht auf die verhältnisse
ihren augen nicht
streuen sich pfeffer und salz ins gesicht
betasten weinend die sehenswürdigkeiten
und erlernen die blindenschrift

der könig soll kürzlich erklärt haben
er blicke voll zuversicht in die zukunft

2 Prüfen Sie dann den folgenden Anfang eines Klausurtextes genau.
a Unterstreichen Sie zunächst Formulierungen, die Ihrer Meinung nach verbessert werden müssen.
b Schreiben Sie jeweils Ideen für Ihre Verbesserung in die nachfolgende Leerzeile und arbeiten Sie den gesamten Text neu auf einem gesonderten Blatt aus.
c Ermitteln Sie anhand des Lösungsheftes, wie erfolgreich Sie bei der Textüberarbeitung waren.

„Blind", das Schlüsselwort in Enzensbergers Gedicht „blindlings", begleitet den Leser durch das ganze Ge-

___

dicht. Der Autor führt den Leser mit der Überschrift unmittelbar in das Thema hinein, was sicherlich auch

___

heute noch von Interesse ist. Er verwendet viele Begriffe, die dem Bereich der Optik entstammen. Durch Ironie

___

wird die gesellschaftliche Situation abstoßend dargestellt. Das Gedicht kritisiert die Regierung eines Landes,

___

aber auch dessen Bürger, wegen ein und demselben Problem: Alle verfallen einer allgemeinen Blindheit.

___

Das bedeutet: Die Umgangsart mit den Problemen, die das Land hat, ist unangemessen.

___

Das lyrische Ich sagt, dass die führenden Kräfte, „die einäugigen“ (V.3), die Probleme des Landes nicht erkennen und erst recht nicht behandeln könnten. Er sagt außerdem, zum Staatschef hätten sie einen Blinden, der die Probleme des Landes gar nicht wahrnehmen könne, gemacht. Zwischen der Regierung sei eines unumstritten: Trotzdem sie den Überblick verloren hätten, wollten die Machthaber einen totalitären Staat durchsetzen. Jeden Störfaktor wolle er ausschließen. Deshalb würden zum Beispiel alle Augenärzte (vgl. V.9), die Menschen von den Täuschungen, denen sie erliegen, befreien könnten, verhaftet. Durch ihre Hilfe, so der Erzähler, könnten die Menschen wieder „sehen“ lernen. Die Augenärzte könnten eine Rettungsaktion des Landes einleiten; sie hätten die Möglichkeit, zu erkennen, welche notwendigen Problemlösungen die Regierung unterlasse. Die Augenärzte stellen für die Machthaber insofern eine Gefahr dar, da sie nicht mit dem Strom schwimmen und anderen helfen, alles zu durchschauen.

Ein Abschnitt des Gedichts beschreibt gewissermaßen den Kampf um gesellschaftliche Positionen auf der Basis des Blindseins. „strebsame junge astronomen / lassen sich glasaugen einsetzen“ (Zeile 18f.). Die Wahl dieses Berufes in diesem Gedicht lässt sich mit der Notwendigkeit des Auges bei dieser beruflichen Tätigkeit erklären. Die Astronomen lassen sich ihre Augen durch Glaskörper ersetzen, weil wenn sie so drauf sind, passen sie viel optimaler in den soziologischen Trend, der hier vorherrscht. [...]

6 Redewiedergabe und Zitat

Die Redewiedergabe spielt beim Verfassen von Textanalysen und -interpretationen eine wichtige Rolle. Denn Sie beziehen sich hierbei auf fremde Aussagen, sei es, um die eigene Deutung des Textes mit geeigneten Textstellen zu belegen, sei es, um sich mit den Gedanken anderer auseinanderzusetzen bzw. sie in die eigene Argumentation einzubauen. Es ist darum wichtig, dass Sie die verschiedenen Formen der Redewiedergabe beherrschen und die Regeln für korrektes Zitieren kennen.

6.1 Möglichkeiten und Formen der Redewiedergabe

1 **a** Wandeln Sie das wörtliche Zitat in indirekte Rede um.

Direkte (wörtliche) Redewiedergabe:	**Indirekte Redewiedergabe:**
Der Reporter berichtet: „Ich habe gestern	____________________
mit meinem Jeep die Hauptstadt erreicht.	____________________
Zurzeit herrscht hier Ruhe."	____________________

b Tragen Sie in Stichworten ein, was Sie in Bezug auf die folgenden Aspekte bei Ihrer Umformung geändert haben.

Zeichensetzung: ____________________

Tempus/Modus des Prädikats: ____________________

Personal- und Possessivpronomen: ____________________

Sprecherbezogene Zeit- und Ortsangabe: ____________________

! **Formen der Redewiedergabe**

Es gibt verschiedene Möglichkeiten, fremde Aussagen und Gedanken wiederzugeben.

Formen der Redewiedergabe	**Beispiele**
Direkte (wörtliche) Rede	*„Ich bin von der Verfilmung meines Romans ziemlich enttäuscht. Allerdings haben mich Literaturverfilmungen noch nie wirklich überzeugt."*
Indirekte Rede im Konjunktiv	*Die Autorin meint, sie sei von der Verfilmung ihres Romans ziemlich enttäuscht. Allerdings hätten Literaturverfilmungen sie noch nie wirklich überzeugt.* Das wichtigste Signal für die Umformung von direkter (wörtlicher) Rede in indirekte Rede ist der **Konjunktiv I** (→ S. 10). Er zeigt in der indirekten Rede an, dass kein wörtliches Zitat vorliegt, sondern eine sinngemäße Wiedergabe. Deshalb müssen in Klausuren (neben der Anpassung von Satzzeichen, Pronominalformen und sprecherbezogenen Angaben) Formen des Konjunktivs I verwendet werden. Bei Formengleichheit mit dem Indikativ wählt man **Ersatzformen** (→ S. 11).
Indirekte Rede im Nebensatz mit *dass*	*Die Autorin meint, dass sie von der Verfilmung ihres Romans enttäuscht ist/sei.* Da hier die indirekte Rede durch *dass* angezeigt wird, kann der Konjunktiv fehlen. Wenn Sie bei der Verwendung von *dass* zusätzlich den Konjunktiv setzen, drückt dies eine größere Distanz aus.
Infinitivkonstruktion	*Die Autorin behauptet, von der Verfilmung ihres Romans enttäuscht zu sein.*
Hauptsatz im Indikativ mit Angabe der Quelle	*Nach Aussage der Autorin ist sie von der Verfilmung ihres Romans enttäuscht.*
Paraphrase (Wiedergabe in eigenen Worten)	*Die Autorin spricht von der enttäuschenden Verfilmung ihres Romans.*

Gebrauch des Konjunktivs in der indirekten Rede

Obwohl der Konjunktiv im mündlichen Sprachgebrauch eine sehr untergeordnete Rolle spielt, wird in Klausuren seine Beherrschung vorausgesetzt. Wichtig ist er vor allem für die Redewiedergabe.

2 **a** Überprüfen Sie in den folgenden Sätzen den Modus-Gebrauch und unterstreichen Sie die fehlerhaften Verbformen.
b Formulieren Sie eine korrekte Version des Textes. Lesen Sie gegebenenfalls noch einmal die Regeln zur Bildung des Konjunktivs (→ S. 10–11) nach.

Der Journalist versichert, er hätte nur

Fakten wiedergegeben.

Die Leserbrief-Schreiberin wirft ihm

vor, dass er es mit der Wahrheit nicht

genau nimmt.

Seine Behauptung, die Fakten wären

sorgfältig recherchiert, sei falsch.

Zwar verstünde sie nicht genug von

den juristischen Zusammenhängen,

aber man müsste doch unbedingt auch

die Gegenseite zu Wort kommen lassen.

3 **a** Lesen Sie den folgenden Ausschnitt eines Textes des Psychologen Bruno Bettelheim. Er befasst sich mit Märchen und Träumen.
b Markieren Sie im ersten Absatz (Z. 1–6) alle Konjunktivformen.
c Wandeln Sie den zweiten Absatz (Z. 7–12) in indirekte Rede um. Schreiben Sie den Text auf die Leerzeilen auf S. 69.

Bruno Bettelheim: **Kinder brauchen Märchen** (Auszug, 1977)

Tiefenpsychologisch orientierte Forscher betonen die Ähnlichkeiten zwischen den fantastischen Ereignissen in Sagen und Märchen und den Träumen und Wachträumen von Erwachsenen – Erfüllung von Wünschen, Sieg über alle Konkurrenten, Vernichtung der Feinde – und schließen daraus, diese Literatur sei deshalb so attraktiv, weil sie zum Ausdruck bringe, was normalerweise nicht ins Bewusstsein gehoben werde.

Selbstverständlich bestehen bedeutsame Unterschiede zwischen Märchen und Träumen. So ist die Wunscherfüllung im Traum meist verhüllt, während sie im Märchen offen dargestellt wird. Träume sind in erheblichem Maß die Folge von inneren, nicht gelösten Spannungen, von bedrückenden Schwierigkeiten, aus denen der Träumer keinen Ausweg weiß und der Traum keinen Ausweg findet. Das Märchen leistet das Gegenteil: Es vollbringt die Entlastung von allen Spannungen und bietet nicht nur Wege der Problemlösung, sondern verspricht sogar einen „glücklichen Ausgang“.

Bettelheim betont, selbstverständlich beständen bedeutsame Unterschiede

Tempusfolge in der indirekten Rede

! **Vor-, Gleich- und Nachzeitigkeit in der indirekten Rede**

Die Verwendung des Tempus in einem Gliedsatz (→ S. 20) mit indirekter Rede ist nur abhängig davon, ob das Gesagte **vorzeitig, gleichzeitig** oder **nachzeitig** ist. In welchem Tempus die Redeeinleitung steht, spielt keine Rolle. Solange man etwas berichtet, das **gleichzeitig** stattfindet, steht der Konjunktiv I (oder ggf. als Ersatzform der Konjunktiv II). Wenn man jedoch ausdrücken will, dass das Berichtete **vorher** stattgefunden hat oder erst **später** stattfinden wird, wählt man ein anderes Tempus, nämlich Konjunktiv I Perfekt oder Konjunktiv I Futur (oder ggf. die Ersatzformen).

	Vorzeitigkeit	Gleichzeitigkeit	Nachzeitigkeit
Antonia sagt, ... (sagte, hat gesagt, wird sagen ...)	*... vorher habe sie häufig an ihn gedacht.* **Konjunktiv I Perfekt**	*... jetzt denke sie nur noch manchmal an ihn.* **Konjunktiv I Präsens**	*... später werde sie gar nicht mehr an ihn denken.* **Konjunktiv I Futur**

4 Der folgende Ausschnitt aus dem Roman „Schlafes Bruder" von Robert Schneider, erschienen 1992, steht im Original in indirekter Rede. Stellen Sie das Original wieder her, indem Sie die direkte in indirekte Rede umwandeln. Achten Sie besonders auf die Tempusfolge (Vorzeitigkeit, Gleichzeitigkeit). Formulieren Sie auf gesondertem Blatt. Beginnen Sie so: *In Eschberg habe damals eine junger Mann gelebt, fuhr sie fort, dem ...*

„In Eschberg lebte damals ein junger Mann!", fuhr sie [die Lukasin] fort, „dem ein schweres Kreuz zu tragen bestimmt war. Er hatte nämlich von Geburt an gelb leuchtende Augen. An diesem Makel hat er fürchterlich gelitten. Ich selbst bin mit diesem Mann gut bekannt gewesen, ja er hat mir, als das Dorf niederbrannte, das Leben gerettet. Der Mann war von sehr verschwiegener Natur. Niemand konnte in ihn hineinblicken. Eines schönen Sonntags hat der geheimnisvolle Mann die Orgel im Kirchlein bestiegen, hat derart schön gespielt, dass die Menschen vor Freude nach ihren Sacktüchern langen mussten. Ich musste auch schnupfen, so großartig war das Spiel. Dabei hat der Mann niemals orgeln gelernt. Einige Jahre später ist er dann plötzlich spurlos verschwunden. Er ist nicht wiedergekommen, wiewohl man überall nach ihm gesucht hat. Ich glaube aber, dass er noch am Leben ist. Vielleicht ist er nur deswegen von Eschberg weggegangen, weil er hier seine Liebe nicht hat finden können."

In der Redewiedergabe variieren

! **TIPP: Vorzüge der indirekten Redewiedergabe**

Beim direkten Zitat ist garantiert, dass die Aussage des anderen wörtlich wiedergegeben wird. Aber auch bei der indirekten Redewiedergabe übernehmen Sie als Schreiber oder Schreiberin die Verantwortung dafür, dass die Aussage sinngemäß und der Absicht des Autors/der Autorin entsprechend wiedergegeben wird.

Die **indirekte Redewiedergabe** ist jedoch **flexibler** als das wörtliche Zitat. Man kann sie besser in den eigenen Text einbauen, weil man dabei Veränderungen vornehmen darf.

Bei der indirekten Redewiedergabe können Sie
- längere Äußerungen mit eigenen Worten zusammenfassen (paraphrasieren),
- Aussagen aus einem Text vereinfacht wiedergeben,
- die Redeabsicht des Autors oder der Autorin verdeutlichen *(Die Autorin behauptet/gibt zu/bedauert/kritisiert ...)*,
- wiedergegebene Äußerungen kommentieren *(Erstaunlicherweise meint die Autorin ...)*.

5 Probieren Sie verschiedene Formen der Redewiedergabe an einem Zitat von Theodor Fontane aus, in dem er sich auf die Entstehung seiner Erzählung „Schach von Wuthenow" bezieht:

„Der Anfang ist immer das Entscheidende, hat man's darin gut getroffen, so muss der Rest mit einer Art von innerer Notwendigkeit gelingen [...]."

a Übertragen Sie das ganze Zitat in indirekte Rede:

Fontane schreibt, der Anfang eines Romans oder einer Erzählung ____________________

____

____

b Geben Sie das Zitat zum Teil in indirekter Rede, zum Teil wörtlich wieder:

Fontane meint, dass bei der Entstehung ____________________

____

____

c Fassen Sie das Zitat singgemäß als knappe Paraphrase zusammen:

Fontane betont ____________________

____

6.2 Regeln für das richtige Zitieren

Zitate sind wörtliche, sogar buchstabengetreue Übernahmen aus einem Text mit Angabe der Fundstelle. Dabei kann die zitierte Äußerung einzelne Wörter, halbe oder ganze Sätze oder auch längere Textabschnitte umfassen.

! **Richtig zitieren**

Für das korrekte Zitieren gelten bestimmte Regeln (s. auch Umschlagklappe hinten):

- So werden Zitate am Anfang und am Ende durch **Anführungszeichen** (Zitatzeichen) kenntlich gemacht. Zitiert man einen Text, der seinerseits ein Zitat enthält, so wird dieses in einfache Anführungszeichen gesetzt.
- Nach den abschließenden Anführungszeichen gibt man in Klammern den Fundort an. Wenn Sie nur aus einem Text zitieren, reicht als **Zitatnachweis** die Seiten- und Zeilenangabe. Wenn Sie aus mehreren Quellen zitieren, müssen Sie außerdem den Namen des Autors/der Autorin und das Erscheinungsjahr nennen. Die vollständigen Angaben zu Autor(in) und Buch findet der Leser dann im Literaturverzeichnis Ihrer Arbeit. Der **Schlusspunkt des Satzes** steht erst nach der Stellenangabe. Ansonsten gelten dieselben Regeln der Zeichensetzung wie bei der direkten Rede (→ S. 28).
- Am Wortlaut eines Zitats darf nichts verändert werden; selbst Eigentümlichkeiten der Rechtschreibung und Zeichensetzung müssen übernommen werden. Allerdings ist es erlaubt und oft auch sinnvoll, die Textstelle nur teilweise zu übernehmen; vorgenommene **Auslassungen** werden dann durch drei Punkte in eckigen Klammern kenntlich gemacht.
- Wo Zitate in den eigenen Satzbau integriert werden, ist es ferner erlaubt, sie grammatisch und gegebenenfalls inhaltlich erläuternd anzupassen. Diese Eingriffe **(Angleichungen der Endungen, Hinzufügungen, eigene Hervorhebungen im Zitat)** müssen jedoch stets durch eckige Klammern kenntlich gemacht werden und dürfen den Sinn der zitierten Äußerung nicht verändern.

	Darstellungsformen	**Beispiele** – Zitiert aus: W. Borchert, Das Brot, in: Ausgewählte Erzählungen, S. 120 f.; oder nach Angabe	**Hinweise**
Zitat-Kennzeichnung allgemein	Anführungszeichen	*Die Frau „fühlte, wie die Kälte der Fliesen langsam an ihr hochkroch“ (S. 120, Z. 15 f.).*	Tempus beibehalten – auch wenn es von dem des eigenen Textes abweicht. Der Satzschlusspunkt steht hinter der Stellenangabe.
Wörtliche Rede im Zitat und Zitat im Zitat	einfache Anführungszeichen	*Sie „kam ihm zu Hilfe: ‚Komm man. Das war wohl draußen‘“ (S. 120, Z. 37).*	
Verse	Zeilenumbruch wird durch Schrägstrich markiert	*„Es war, als hätt' der Himmel / Die Erde still geküsst“ (J. v. Eichendorff, Mondnacht. V. 1 f.).*	Großschreibung am Versanfang wird beibehalten.
Auslassungen	drei Pünktchen (nicht fünf oder zehn!) in eckigen Klammern	*Die Frau „fühlte, wie die Kälte [...] langsam an ihr hochkroch“ (S. 120, Z. 15 f.).*	Am Anfang und am Ende des Zitats keine Pünktchen, auch dann nicht, wenn nur ein Teil aus einem Satz zitiert wird.
Hinzufügungen	eckige Klammern	*„Sie sieht doch [im Hemd] schon alt aus, dachte er“ (S. 120, Z. 22 f.).*	Dies gilt auch für den einzelnen Buchstaben, der hinzugefügt wird.
Fehler im Text	[sic] oder [!] hinter das fehlerhafte Wort	*„Sie sieht doch schonn [sic] alt aus, dachte er“ (S. 120, Z. 22 f.).* Oder: *„Sie sieht doch schonn [!] alt aus, dachte er“ (S. 120, Z. 22 f.).*	Fehler nicht korrigieren! Möglicherweise sind es nur vermeintliche Fehler.

Eigene Hervorhebungen im Zitat	Unterstreichen oder *Kursivschrift;* dahinter Hinweis: [Hervorhebung XY]	*Die Frau „fühlte, wie die Kälte der Fliesen [Hervorhebung XY] langsam an ihr hochkroch" (S. 120, Z. 15 f.).*	XY steht für die Initialen des Verfassers (etwa der Facharbeit); alternativ: [Hervorhebung durch d. Verf.].
Stellenangabe/ Zitatnachweis	S. = Seite Z. = Zeile V. = Vers Sp. = Spalte f. = eine folgende Seite/Zeile/Spalte/ein Vers ff. = mehrere folgende Seiten/Zeilen/Spalten/Verse		In runden Klammern unmittelbar hinter dem Zitat, nach dem Anführungszeichen. Zwischen Seiten- und Zeilenangabe ein Komma. Bei Belegstellen, die mehr als 3 Seiten umfassen, Angabe nach folgendem Muster: S. 10–13.
Einbindung des Zitats in den eigenen Text			
Position des Zitats	vorangestellt	*„Sie sieht doch schon alt aus", denkt er, als er sie nachts in der Küche sieht (S. 120, Z. 22 f.).*	Syntax beachten: Das Zitat muss syntaktisch zum eigenen Satz passen.
	eingefügt	*Sie hört, „dass er leise [...] kaute", während sie sich schlafend stellt (S. 121, Z. 19 f.).*	Satzzeichen beachten: Es gelten die üblichen Zeichensetzungsregeln.
	nachgestellt	*Die Sätze sind sehr kurz und vor allem am Anfang manchmal elliptisch: „Sie machte Licht. Sie standen sich im Hemd gegenüber. Nachts. Um halb drei. In der Küche" (S. 120, Z. 8 ff.).*	Bei Zitat eines ganzen Satzes, vor allem wenn ein redeeinleitendes Verb verwendet wird: Doppelpunkt vor Zitat.
Besonderheiten			
Bloßer Verweis ohne Zitat	in Klammern: vgl. (für „vergleiche") plus Stellenangabe	*Sie kann nicht ertragen, dass ihr Mann lügt (vgl. S. 120, Z. 29 f.), und wendet sich ab.*	Doppelungen vermeiden: Bei Wiedergabe mit eigenen Worten, aber mit enger Anlehnung an die Formulierungen der Textvorlage diese nicht noch einmal wörtlich zitieren.

1 Der in der rechten Spalte wiedergegebene Schülertext bezieht sich auf eine Szene aus dem 5. Akt von Goethes Drama „Iphigenie auf Tauris“. In dieser Szene bittet Iphigenie den König Thoas, ihren Bruder Orest und ihren Vetter Pylades, die als Räuber auf Tauris gelandet sind, und sie selbst freizugeben.

a Markieren Sie im Schülertext die Stellen, an denen gegen die Regeln für korrektes Zitieren verstoßen wird.

b Korrigieren Sie die Fehler und Ungenauigkeiten, indem Sie eine überarbeitete Version des Schülertextes erstellen.

IPHIGENIE.
Nein! o König, nein!
Ich könnte hintergangen werden; diese
Sind treu und wahr. Wirst du sie anders finden,
So lass sie fallen und verstoße mich.
Verbanne mich zur Strafe meiner Torheit
Auf einer Klippeninsel traurig Ufer.
Ist aber dieser Mann der lang' erflehte,
Geliebte Bruder, so entlass uns, sei
Auch den Geschwistern wie der Schwester freundlich.
Mein Vater fiel durch seiner Frauen Schuld,
Und sie durch ihren Sohn. Die letzte Hoffnung
Von Atreus' Stamme ruht auf ihm allein.
Lass mich mit reinem Herzen, reiner Hand
Hinübergehn und unser Haus entsühnen.
Du hältst mir Wort! – Wenn zu den Meinen je
Mir Rückkehr zubereitet wäre, schwurst
Du, mich zu lassen; und sie ist es nun.

(J. W. v. Goethe: Iphigenie auf Tauris. 5. Aufzug, 3. Auftritt)

Iphigenie will den König überzeugen und sagt zuerst, dass „diese treu und wahr sind“ (V. 1957 f.). Wenn das nicht stimme, solle der König Iphigenie „auf eine Klippe“ (V. 1961) verbannen. Wenn aber Orest wirklich ihr Bruder sei, solle der König Iphigenie und Orest freilassen (V. 1964). Ihr Vater sei nämlich durch seiner Frauen Schuld gestorben. Und jetzt sei Orest die letzte Hoffnung: „Von Atreus' Stamme ruht auf ihm allein“ (V. 1967). Iphigenie findet, dass der König, der einmal geschworen hat, „sie zu lassen (V. 1972)“, jetzt sein Wort auch halten soll (vgl. V. 1970).

Iphigenie ____________________

____

____

____

____

____

____

____

____

! TIPP: Zum Umgang mit Zitaten

Zitate haben die Aufgabe, die eigenen Beobachtungen und Überlegungen mit Stellen aus dem Text zu belegen und zu untermauern. Dabei ist auf Folgendes zu achten:

- Beim Zitieren darf die Aussageabsicht des Autors/der Autorin **nicht verfälscht** werden. Das kann passieren, wenn man den **Kontext,** in dem das Zitat ursprünglich stand, nicht genügend beachtet.
- **Nebensächlichkeiten** und **Selbstverständlichkeiten** sollte man nicht zitieren. Allerdings ist es nicht immer einfach zu entscheiden, was als Allgemeingut gelten kann und darum nicht zitiert zu werden braucht.
- Der eigene Text darf **keine bloße Aneinanderreihung von Zitaten** sein; diese sollten vielmehr stets die eigene Darstellung und Argumentation stützen.

7 Eine Klausur überarbeiten – Trainingstext

Dieses Kapitel zeigt Ihnen, nach welchen Kriterien Sie eine Klausur überarbeiten können. Es orientiert sich an den Problemen und Fehlern, die erfahrungsgemäß in Oberstufenklausuren häufig vorkommen.

Die Aufgabenstellung zur Beispielklausur sieht vor,
- einen Sachtext zu analysieren und
- zu ihm Stellung zu nehmen.

Um die Schülerarbeit beurteilen zu können, müssen Sie zunächst die Textgrundlage lesen: einen Sachtext aus der Wochenzeitung „Die Zeit".

1 **a** Lesen Sie den folgenden Text gründlich.
b Lesen Sie ihn ein zweites Mal und markieren Sie Schlüsselwörter, die Sie für eine Textanalyse berücksichtigen würden.

Wolf Schneider: **Ich habe einen Traum**

[...] Rosa Luxemburg[1] steht mir politisch verhältnismäßig fern. Aber ich träume von Menschen, die noch heute die Kraft hätten, Sätze zu meißeln wie den, womit sie im Ersten Weltkrieg die Profite der Rüstungsindustrie attackierte: „Die Dividenden steigen – und die Proletarier fallen." Da war jedes Wort mit mehr Kilowatt aufgeladen als heute ein ganzer Fernsehabend. „Stell dir vor, es ist Krieg, und keiner geht hin!" Auch so eines. Einsam ragen solche Monumente großer Sprache aus einem anschwellenden Meer des Geschwätzes.

Die Sätze müssen nicht aus Marmor sein. Aus Spott können sie bestehen wie bei Heine: „Der Knecht singt gern ein Freiheitslied des Abends in der Schänke: Das fördert die Verdauungskraft und würzet die Getränke." Vibrierende Stimmung können sie schaffen wie Clemens von Brentano mit den Zeilen: „Mond! Mond! Wie die Wellen kühlen, wie die Winde wühlen in den dunklen Mähnen der Nacht!"

Vielleicht gibt es noch Menschen, die solche Wörter zu Feuerkugeln ballen können. Doch ihre Chance, beachtet zu werden, sinkt Jahr um Jahr. Es geht bergab mit der Sprache, machen wir uns nichts vor: Die Fernsehschwätzer beherrschen die Szene, die Bücherleser sind eine bedrohte Gattung, die Grammatik ist unter jungen Leuten unpopulär, ihr Wortschatz schrumpft und viele Siebzehnjährige betreiben das Sprechen so, als ob es ein Nebenprodukt des Gummikauens wäre. „Luftschnapp" oder „Megaknuddel": So chatten sie, die plauderfreudigsten unter den Computer-Nutzern [...]

Und so träume ich: Sie könnten noch einmal wiederkehren, die Kraft und die Herrlichkeit der Sprache, der Respekt vor ihr, die Bewunderung für sie, der Höhenflug auf den Flügeln des Gesanges. Doch dem Boden verhaftet, wie ich es auch in Träumen bleibe, beginne ich mit einem kleinen Schritt: Ich lade die Fernsehintendanten ein, sie möchten anordnen, dass keuchenden Sportlern nie mehr ein Mikrofon entgegengestreckt werden darf. Das wäre mal ein Anfang und kein ganz kleiner, bei der Beschaffenheit der damit verhinderten Sprachprodukte – und bei der Millionenschar derer, denen sie dann vorenthalten würden.

Was geschieht auf den Sportstätten? Ein gedemütigter Torwart, der früher zwischen ein paar Umstehenden einfach „Scheiße" geschrien hätte, sieht sich jetzt genötigt, dieses allein sinnstiftende Wort zu einem Geschwafel aufzublasen, das er für Hochdeutsch und für fernsehkompatibel hält – ein Graus; und Millionen hören zu. Und da die meisten von denen keine Bücher lesen, ist das Torwart-Gestammel für sie ein Sprachmodell geworden. [...]

Das Fernsehen labert uns die Ohren voll und in den Nachmittags-Talkshows darf auch die untere Hälfte des Volkskörpers ihre Seele entblößen.

So träume ich: von Kindern und Heranwachsenden, die sich mithilfe von Eltern und Lehrern noch andere Sprachvorbilder suchen als die Heißluftplauderer von der Mattscheibe, die Sportplatz-Keucher, die Diskjockeys, die Hooligans, die Soziologie-Professoren – ja, auch die: Denn ohne sie würde es ja keine Studenten geben, die von ihrem Selbsteinbringungs-Kauderwelsch auch dann nicht lassen können, wenn sie auf der Parkbank schmusen. [...]

1 **Rosa Luxemburg** (1870–1919), marxistische Politikerin, Mitbegründerin der Kommunistischen Partei Deutschlands

Also träume ich lieber. Vom Duden zum Beispiel: dass er das Herz haben möge, wieder das Richtige zu registrieren und nicht das Übliche. Denn die ihn benutzen, suchen das Richtige; indem sie aber stattdessen das Übliche finden, setzen sie, Arm in Arm mit der Duden-Redaktion, eine Abwärtsspirale in Gang. Die Deutsche Presse-Agentur hat daher schon 1985 intern beschlossen: Vorsicht vor dem Duden! Wenn wir einen Fehler oft genug gemacht haben, wird er sich im Duden wiederfinden – als das Übliche eben.

Schon träume ich von Managern, die noch im Stande wären, „Dienstleistungen" zu sagen statt „dienstleistungsbasierte Aktivitäten". Von Feuilletonredakteuren, die die Paradigmen (viel besser: Paradigmata!) aus ihrem ewigen Wechsel erlösen. Sogar von Lehrern träume ich, die sich guten Gewissens von der regierenden Spaßpädagogik verabschieden – in der Einsicht, dass Kinder manchmal auch das lernen müssen, was sie hassen: die unregelmäßigen Verben einer Fremdsprache zum Beispiel. Wer das nicht will, darf im Keller PISA spielen.

An dieser Stelle schwingt sich mein Traum, vom Schiller-Jahr[2] beflügelt, in atemberaubende Höhen auf: in der Schule mindestens eine Schiller'sche Ballade auswendig lernen! Das hätte, den triefenden Edelmut beiseite, drei ungeheure Vorzüge. Zum Ersten: Da die Kinder es hassen, wäre es ein fruchtbarer Beitrag zur Abkehr von der Spaßpädagogik. Zum Zweiten: Das Gedächtnis ist ein trainierbares Organ, und es in der Schule nicht zu trainieren, ist unterlassene Fürsorge. Und zum Dritten: Statt dass sich nur Sprachmodelle wie „Also irgendwie ich meine er ist ein Arschloch, echt!" im Hinterkopf festsetzen, könnte das Sprachzentrum dann auch Muster abrufen wie dieses: „Da treibt ihn die Angst, da fasst er sich Mut / und wirft sich hinein in die brausende Flut / und teilt mit gewaltigen Armen / den Strom, und ein Gott hat Erbarmen."

Ich erwache schweißgebadet. Immerhin, ich habe von Schiller geträumt und nicht von Oliver Kahn[3].

(Aus: „Die Zeit", Nr. 19, vom 4. Mai 2005)

2 Schiller-Jahr: Im Jahr 2005, als der Artikel erschien, wurde der 200. Todestag Friedrich Schillers begangen.
3 Oliver Kahn: ehemaliger Torwart von Bayern München und auch der deutschen Fußball-Nationalmannschaft

Nehmen wir an, die Aufgabenstellung zu diesem Text lautet:

1. Analysieren Sie den Text „Ich habe einen Traum" von Wolf Schneider.
2. Nehmen Sie Stellung zu Schneiders zentraler These und zu den Forderungen, die er daraus ableitet, indem Sie sich mit seinen Argumenten auseinandersetzen.

2 **a** Unterteilen Sie den Text in Sinnabschnitte.
b Markieren Sie die zentrale These des Autors und überlegen Sie, wodurch er sie stützt.
c Notieren Sie in Stichworten, was den Stil des gesamten Textes kennzeichnet.

____

____

____

____

____

____

Im Folgenden werden Sie Schritt für Schritt durch die Überarbeitung einer Klausur geführt. Dem Trainingstext liegt eine tatsächlich geschriebene Schülerklausur zu Grunde. Der Schüler hat manches richtig beobachtet und dargestellt. Aber seine Arbeit enthält auch zahlreiche Fehler und Schwachstellen, die eine Überarbeitung erfordern. Einige davon sind bereits unterstrichen und/oder am Rand gekennzeichnet.

3 Lesen Sie den Trainingstext aufmerksam durch.

Schülerarbeit
zu Wolf Schneider: „Ich habe einen Traum"

In seinem Text „Ich habe einen Traum" erzählt Wolf Schneider von Träumen, die er im Zusammenhang mit der Sprache hat. Seiner Meinung nach, geht es mit der Sprache „bergab" (Z.24) und er überlegt, was man dagegen tun kann.

A ungenau; Einleitung führt nicht zum Thema hin
Basissatz zum Ausgangstext unvollständig und ungenau

Am Anfang zitiert er mehrere Beispiele für eine gelungene und Ausdrucksstarke Sprache – von Rosa Luxemburg, Heinrich Heine und Clemens von Brentano. Deren Aussprüche nennt er „Monumente einer großen Sprache" (Z.10). Er bezeichnet sie als „gemeißelte Sätze" (Z.3) und sagt, sie seien gerade zu „mit Kilowatt aufgeladen" (Z.7). Danach stellt er seine zentrale These auf, indem er sagt, dass es „mit der Sprache bergab geht" (Z.24). Als Beleg führt er die „Fernsehschwätzer" (Z.25) an und die Jugendlichen, die keine Grammatik mehr beherrschen und bei denen der Wortschatz schrumpft (vgl. Z.28f.). Nun kommt Schneider zu Vorschlägen zur Verbesserung bzw. zu seinen Träumen, von denen schon in der Überschrift die Rede ist. Er träumt, dass wieder „Respekt vor ihr und Bewunderung für sie" herrscht (Z.35f.). Um dies zu fördern schlägt er vor, Interviews mit Sportlern im Anschluss an ein Fußballspiel zu verbieten. Denn ein „gedemütigter Torwart" (Z.46f.) bläst seinen Frust zu einem „Geschwafel" (Z.50) in schlechtem Deutsch auf, und das wird für Millionen Zuschauer dann zum sprachlichem Vorbild. Schneider träumt davon, das Kinder und Jugendliche andere sprachliche Vorbilder haben als die „Heißluftplauderer von der Mattscheibe" (Z.61f.), als Diskjockeys, Manager und auch Soziologie-Professoren, die einfaches und richtiges Deutsch sprechen sollen, anstatt ihren Studenten ein „Selbsteinbringungs-Kauderwelsch" zu lehren (Z.66). Der Autor schreibt ziemlich ironisch, z.B.: „Siebzehnjährige betreiben das Sprechen so, als ob es ein Nebenprodukt des Gummikauens wäre" (Z.28–30). Er verwendet eine bildliche Sprache. So spricht er von einem „anschwellenden Meer des Geschwätzes" (Z.10f.), die Sportler nennt er „Sportplatz-Keucher". „Geschwafel" (Z.50), „Fernsehschwätzer" (Z.25) und „laber[n]" (Z.56) sind weitere Beispiele für die abwertende Wortwahl des Autors. Insgesamt benutzt er die Sprache, um dem Leser seine Ansichten auf unterschwelige Art nahezubringen. Er kritisiert dann auch, meiner

Zitat ungenau (zu „Monumente einer großen Sprache")
Mod (Redewiedergabe: Wer sagt das?) (zu „beherrschen … schrumpft")
V (zu „Er träumt, dass wieder …")
Gr (zu „anstatt ihren Studenten …")
A (zu „wendet eine bildliche Sprache …")

Meinung nach sehr zu Recht, den Duden, weil der viele Fehler macht. Als Letztes träumt er von Lehrern, die sich „guten Gewissens von der Spaßpädagogik verabschieden" (Z. 85 f.) und die Kinder auch Dinge lernen lassen, die sie nicht mögen, z. B. sollen sie Vokabeln pauken und Schiller-Balladen auswendig lernen. Das ist erstens gut, weil die Kinder dann keinen Spaß haben, zweitens, weil sie damit ihr Gedächtnis trainieren und drittens, weil sie auf diese Weise andere Sprachmodelle kennen lernen die sie „später als Muster abrufen" (Z. 105) können. Schneider wacht schliesslich aus seinem Traum auf und freut sich, dass er von Schiller geträumt hat und nicht von Oliver Kahn, der Torwart von Bayern München.

In manchen Punkten kann man Schneider sicher zustimmen, aber in anderen geht er m. E. entschieden zu weit. Seiner zentralen These, dass es mit der deutschen Sprache bergab geht, kann ich überhaupt nicht zustimmen. Wenn viele heute so sprechen, wie es ihnen gerade in den Sinn kommt, ist das meiner Meinung nach doch eher kreativ und bringt Abwechslung. Und warum soll sich ein Lehrer nicht am Spaß orientieren? Es ist doch bekannt, dass man besser lernt, wenn man dabei auch Spaß hat. Ich finde es absolut daneben, Kinder Schiller-Balladen auswendig lernen zu lassen mit der Begründung, dass ihnen das keinen Spaß macht. Hier vertritt Schneider eine Abschreckungs- und Unterdrückungspädagogik, die ziemlich von vorgestern ist. Und was die Sprachmuster der Schiller-Balladen angeht, die sie später „abrufen" können, so scheint mir das ziemlich abwegig, weil wenn jemand sich so ausdrücken würde, er sich ja nur lächerlich machen würde. Recht hat er natürlich, wenn er meint, dass die Sprache eines Fußballers, der gerade abgehetzt vom Spielfeld kommt, nicht gerade vorbildlich ist. Aber deswegen solche Interviews zu verbieten, finde ich übertrieben. Wahrscheinlich ist er ein ganz unsportlicher Mensch, der keine Ahnung von Fußball hat und sich deswegen über ihre Sprache lustig macht. Er erhebt einige Einwände gegen das Chatten. Wer einmal in einem solchen Chat-Room mitgemacht hat, weiß, wie wohltuend es ist, dass man da einfach drauflosschreiben kann, ohne sich um Rechtschreibung oder Ausdruck zu kümmern. Die Sprache ist spontan und authentisch und das ist doch positiv. Recht hat der Autor aber mit seiner Kritik an Fehlern im Duden: Wenn man einen Duden zur Hand nimmt, erwartet man, dass das, was drin steht, richtig ist, und das muss auch so sein. Insgesamt komme ich also zu dem Ergebnis: In einigen Punkten, die ich dargestellt habe, hat der Verfasser Recht, in vielen anderen aber nicht. Und seine Sprache ist zwar flott, aber irgendwie nicht ernsthaft. Daher finde ich seinen Text nicht überzeugend.

Stellungnahme gehört nicht hierher!

7.1 Sich einen ersten Eindruck verschaffen

1 **a** Die Schülerklausur hat entsprechend der Aufgabenstellung zwei Teile, die auch durch einen Absatz voneinander getrennt sind (vgl. Z. 50). Um die Gliederung des Aufsatzes klarer hervortreten zu lassen, wären mehrere **zusätzliche Absätze** sinnvoll. Lesen Sie den Klausurtext erneut und zeichnen Sie mögliche sinnvolle Absätze ein.
b Markieren Sie in jedem der von Ihnen gekennzeichneten Absätze mindestens ein **Schlüsselwort** oder eine Kernstelle. Sie erhalten so einen Überblick über die Punkte, die der Schreiber in seiner Analyse behandelt hat.
c Geben Sie knapp den Inhalt der beiden Aufsatzteile an.

Teil 1 (Z. 1–50): ______________________________

____

Teil 2 (Z. 51–84): ______________________________

____

2 Formulieren Sie in Stichworten, was Ihnen nach dem ersten Eindruck an der Klausur (inhaltlich und/oder sprachlich) nicht so gut gelungen scheint. Notieren Sie auch, worauf sich Ihr Urteil stützt.

Teil 1:

inhaltliche Mängel: ______________________________

____

sprachliche Mängel: ______________________________

____

Teil 2:

inhaltliche Mängel: ______________________________

____

sprachliche Mängel: ______________________________

____

Die Überarbeitung der Schülerklausur macht es notwendig, sowohl den Text von Wolf Schneider, → S. 74–75, als auch den Schülertext, → S. 76–77, mehrmals zu lesen. Verschaffen Sie sich am besten bereits vorweg einen Überblick über die weiteren Schritte der Textüberarbeitung.

! TIPP: Aspekte der Überarbeitung

Richten Sie bei der Überarbeitung von Texten Ihren Blick nacheinander gezielt auf einen bestimmten Aspekt, den Sie überarbeiten wollen. Sinnvoll wäre z. B. ein **Vorgehen in folgenden Schritten** – prüfen Sie nacheinander:

1. Einleitung
2. Inhalt (Sind die Inhalte des Primärtextes angemessen und mit eigenen Worten wiedergegeben?)
3. Wiedergabe fremder Gedanken (Wurde richtig zitiert?)
4. Aufbau des Textes
5. Schlüssigkeit der eigenen Argumentation
6. Schluss
7. Sprachliche Richtigkeit – Korrekturlesen

7.2 Überarbeitung des ersten Teils (Z. 1–50) – Textanalyse

Bei der Überarbeitung der Analyse sollte sich Ihre Aufmerksamkeit vor allem auf die Einleitung, die Inhaltswiedergabe, die Wiedergabe fremder Gedanken sowie den Aufbau des eigenen Textes richten.

Die Einleitung

Die Einleitung soll gezielt zum Thema hinführen und dann in einem Basissatz wichtige Angaben zum Ausgangstext machen.

! **Was im Basissatz stehen muss**

In den Einleitungssatz gehören folgende Elemente:
- **Verfasser/-in**
- **Titel**
- genaue Angabe der **Textsorte**
- **Quellenangabe:** z. B. Name der Zeitung bzw. Zeitschrift und Datum der Veröffentlichung
- eine kurze, prägnante Angabe des Themas bzw. der Grundthese

1 **a** Die Einleitung des Trainingstextes auf Seite 76 versäumt es, zum Thema hinzuführen. Verbessern Sie den Klausurtext, indem Sie auf einem gesonderten Blatt einen hinführenden Abschnitt formulieren.
b Prüfen Sie, ob der Einleitungssatz des Trainingstextes die oben genannten Elemente enthält, und schreiben Sie ihn gegebenenfalls neu.

____

____

____

Inhaltswiedergabe prüfen

Bei der Überarbeitung des inhaltsbezogenen Teils des Trainingstextes müssen Sie sich fragen:

- Sind die Aussagen des Primärtextes **sachlich richtig** sowie
- hinreichend **genau** und **gründlich** dargestellt?

Natürlich können Sie nur das angemessen wiedergeben, was Sie zuvor richtig und vollständig verstanden haben. Voraussetzung dafür ist, dass Sie beim Lesen des Primärtextes sehr aufmerksam sind und nichts überlesen.

2 **a** In der Schülerklausur ist an keiner Stelle von *Büchern* die Rede, obwohl Wolf Schneider in seinem Text deren Bedeutung zweimal erwähnt. Suchen Sie die Stellen im Primärtext und notieren Sie sie hier:

Z. ________________________________

Z. ________________________________

b Schneiders Äußerungen zum *Bücherlesen* gehören in seiner Argumentation zur Klage über das Fehlen sprachlicher Vorbilder. In diesem Zusammenhang könnten in die Textanalyse (z. B. Z. 23) ein oder zwei Sätze eingefügt werden. Formulieren Sie eine entsprechende Ergänzung.

____

____

____

3 Der Schreiber der Klausur hat den Abschnitt in Wolf Schneiders Text, der die *Kritik am Duden* enthält, offenbar nicht genau genug gelesen und/oder falsch verstanden.
a Lesen Sie den Abschnitt Z. 69–79 im Primärtext noch einmal genau und vergleichen Sie seinen Inhalt mit den beiden Stellen der Schülerklausur, in denen vom Duden die Rede ist (Z. 38 ff. und Z. 77 ff. des Trainingstextes).
b Formulieren Sie eine zutreffende Wiedergabe der Kritik am Duden, indem Sie die beiden folgenden Sätze vervollständigen.

Der Autor kritisiert nicht einfach, dass es im Duden Fehler gibt. Tatsächlich geht es Schneider darum, dass seiner Meinung nach der Duden nicht ____________________ *soll.*

Vielmehr ____________________ .

4 In der Inhaltsangabe des Trainingstextes wird sehr viel aus dem Primärtext zitiert. Formulieren Sie die Zeilen 17–23 so um, dass sie sich stärker vom Wortlaut des Ausgangstextes lösen.

____

____

____

____

____

Überprüfung der Wiedergabe fremder Gedanken

Fremde Gedanken werden in Klausuren häufig ungenau oder falsch wiedergegeben.
Beachten Sie: Es muss immer eindeutig zu erkennen sein, aus welcher Perspektive Sie schreiben, d. h., wo Sie Gedanken aus dem zu analysierenden Text wiedergeben und wo es sich um Ihre eigenen Gedanken handelt.
Manchmal genügt es, im Kontext deutlich zu machen, dass man Gedanken übernimmt. Bei textnahen Übernahmen sollte man jedoch Zitate oder zumindest die indirekte Rede verwenden.

- **Zitate** sind wörtliche Übernahmen aus einem Text mit Angabe des Fundortes (Stellenangabe), z. B.:
  Wolf Schneider beklagt: „Es geht bergab mit der Sprache" (Z. 23 f.).
- Bei der Wiedergabe in **indirekter Rede** (→ S. 10, S. 67 f.) haben Sie die Möglichkeit, entweder den **Konjunktiv I** (bzw. eine Ersatzform) oder einen **dass-Satz mit Indikativ** zu verwenden, z. B.:
  Wolf Schneider beklagt, es gehe mit der Sprache bergab (Z. 23 f.).
  Wolf Schneider beklagt, dass es mit der Sprache bergab geht (Z. 23 f.).

Über die verschiedenen Möglichkeiten und Formen der Redewiedergabe können Sie sich ausführlich in Kapitel 6 informieren. Dort finden Sie auch die **Regeln für das korrekte Zitieren** (→ S. 71–72; vgl. auch Umschlagklappe hinten).

5 **a** Prüfen Sie, ob in der Schülerklausur immer klar erkennbar ist, wer spricht. An einer Stelle gibt es am Rand bereits eine entsprechende Fehlerkorrektur zum Modus in der Redewiedergabe. Suchen Sie weitere Fehler im Modus. Streichen Sie diese als **Mod**-Fehler an und schreiben Sie in die Randspalte die richtige Form des Verbs.
b Prüfen Sie alle Zitate anhand des Primärtextes auf den Seiten 74 und 75 und vermerken Sie im Schülertext, wo falsch oder ungenau zitiert ist.
c In dem Zitat „Respekt vor ihr" ist in der Klausur (Z. 17) der Bezug des Pronomens „ihr" nicht klar. Ergänzen Sie – in eckigen Klammern – die passende Erläuterung.

„Respekt vor ihr ____________________ "

Den Aufbau der Textanalyse überarbeiten

!

Textchronologisch oder aspektorientiert vorgehen?

Eine Textanalyse kann auf zwei verschiedene Arten aufgebaut werden: textchronologisch (am Text entlang) oder aspektorientiert.

- Bei einem **textchronologischen Vorgehen** besteht die Gefahr, einen Text lediglich zu paraphrasieren, also den Inhalt nur mit eigenen Worten zu umschreiben. Dabei löst man sich nicht genügend vom Text, steht nicht über ihm und kann so keine wirklich analytische Haltung gegenüber dem Text einnehmen.
- Ratsamer ist daher, das **aspektorientierte Vorgehen** zu wählen: Hierbei ordnet man die Analyse nach leitenden Gesichtspunkten (Aspekten), die man nacheinander darstellt. Diese Aspekte betreffen teils Inhaltliches, teils die Form des Textes (Aufbau, Sprache). Der Schreibende steht bei dieser Vorgehensweise von vornherein *über* dem Text und nimmt eine deutlich analytische Haltung ein.

6 Machen Sie sich bewusst, welche Vorgehensweise der Verfasser der Klausur über den Text von Wolf Schneider gewählt hat:

☐ textchronologisch oder

☐ aspektorientiert.

7 Eine aspektorientierte Vorgehensweise hätte den Text von Wolf Schneider unter den vier folgenden Gesichtspunkten zu analysieren:

- Aspekt 1: Aufbau der Glosse
- Aspekt 2: Schneiders Kritik am gegenwärtigen Sprachgebrauch
- Aspekt 3: Schneiders „Träume" von Maßnahmen gegen den Sprachverfall
- Aspekt 4: Schneiders Sprache

Markieren Sie im *Primärtext* und im *Klausurtext* die Stellen, die Sie einem dieser Aspekte zuordnen können. Verwenden Sie für jeden Aspekt eine eigene Farbe.

8 **a** Überprüfen Sie, welche Aussagen Schneiders zum Aspekt „Träume/Maßnahmen" der Schüler nicht ausreichend berücksichtigt hat. Geben Sie jeweils die Zeilen und ein Stichwort an.

____

____

____

____

b Formulieren Sie einen neuen Abschnitt zum Aspekt „Träume/Maßnahmen", in dem Sie auch die vom Schüler vernachlässigten Textstellen berücksichtigen. Arbeiten Sie auf gesonderten Blättern.

Korrekturlesen: die sprachliche Richtigkeit überprüfen

9 Lesen Sie nun den ersten Teil des Klausurtextes (bis Z. 50) im Hinblick auf seine sprachliche Richtigkeit.
a Konzentrieren Sie sich zunächst nur auf **Rechtschreibung** und **Zeichensetzung.** Kennzeichnen Sie – im Text und am Rand – die sprachlichen Fehler (**R**, **Z**) und verbessern Sie sie.
(Im zweiten Teil des Trainingstextes sind die **R**- und **Z**-Fehler bereits korrigiert.)
b Unterstreichen Sie im Text die vier Fehler, die bisher nur am Rand angemerkt sind.
c Lesen Sie den Text jetzt kritisch im Hinblick auf **Grammatik, Satzbau, Bezüge** und **Ausdruck.**
Kennzeichnen Sie – im Text und am Rand – die sprachlichen Fehler (**Gr**, **Sb**, **Bz**, **A**) und verbessern Sie sie.

7.3 Überarbeitung des zweiten Teils (Z. 51–84) – Stellungnahme

In diesem Teil der Überarbeitung stehen folgende Aspekte im Mittelpunkt:

Inhalt und Aufbau:	Stichhaltigkeit und Schlüssigkeit der eigenen Argumente, Abfolge und Anordnung der Gedanken (→ S. 48 f.)
Sprache:	Beziehungsfehler (→ S. 18 f., S. 51) Kohärenz (→ S. 48) Umgangssprache und mündlicher Stil (→ S. 63 f.)

Stichhaltigkeit und Schlüssigkeit der eigenen Argumente prüfen

Im zweiten Teil des Schüleraufsatzes geht es – gemäß der Aufgabenstellung – um die eigene Meinung in der Auseinandersetzung mit dem Text von Wolf Schneider. Die eigene Argumentation muss *stichhaltig* sein.

! **Stichhaltige Argumente**

- Ihre Stellungnahme zu einer bestimmten Aussage eines Textes muss zu dieser auch passen. Sie müssen die Aussagen (in diesem Fall: Schneiders) sehr genau herausarbeiten, damit Sie ihnen gerecht werden und Ihre Stellungnahme nicht daran vorbeigeht.
- Ihre eigene Position (**These** oder Urteil) muss klar erkennbar sowie mit **Argumenten und Beispielen** bzw. weiterführenden Erläuterungen abgesichert sein.

1 **a** Arbeiten Sie die Position des Schülers im zweiten Teil seines Aufsatzes heraus. Markieren Sie die Passagen, in denen sie formuliert wird, und fassen Sie sie mit eigenen Worten zusammen.

____

____

b Bewerten Sie die Stellungnahme des Schülers unter dem Gesichtspunkt der Klarheit und Eindeutigkeit.

____

____

2 **a** Untersuchen Sie Z. 57–63 des Trainingstextes und analysieren Sie, ob der Schüler der Auffassung Schneiders gerecht wird. Lesen Sie gegebenenfalls noch einmal im Text Schneiders Z. 85–111 nach. Formulieren Sie eine kurze Stellungnahme.

____

____

____

b Untersuchen Sie Z. 66–72 unter der Fragestellung, ob der Schreiber seinen Standpunkt hinreichend mit Argumenten und Beispielen bzw. weiterführenden Erläuterungen untermauert hat. Bewerten Sie die Lösung des Schülers und formulieren Sie gegebenenfalls einen Verbesserungsvorschlag.

____

____

____

Den Aufbau der eigenen Argumentation überprüfen

3 Lesen Sie noch einmal den gesamten zweiten Teil des Trainingstextes und achten Sie vor allem auf den gedanklichen Aufbau (die Gedankenführung). Bewerten Sie in einer kurzen Stellungnahme die Lösung des Schülers.

! **TIPP: Anordnung der eigenen Argumente**

Wichtig für die Überzeugungskraft einer Argumentation ist unter anderem die **Reihenfolge der Darstellung.** Dabei sind drei Punkte zu beachten:

- Wählen Sie ein geeignetes **Argumentationsschema:** Wenn nur ein Phänomen untersucht werden soll, bedient man sich eines **linearen Aufbaus.** Wenn eine Frage diskutiert werden soll, die eine Pro-und-Kontra-Abwägung verlangt, wählt man hingegen einen **antithetischen Aufbau.**

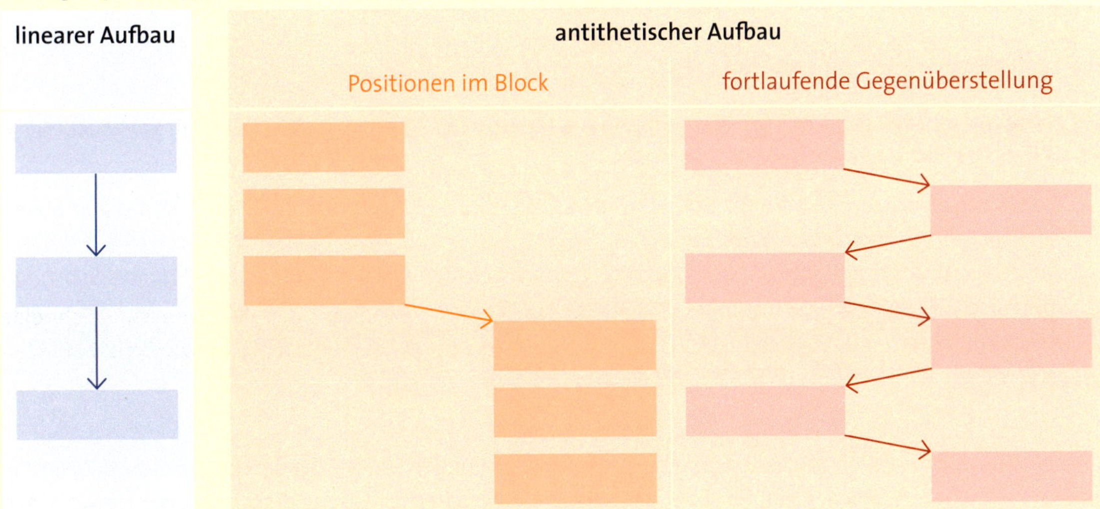

- Die Gedankenführung in der Argumentation sollte so angelegt sein, dass die stärkeren Argumente an den Schluss kommen.
  Beim antithetischen Typ der Erörterung (Diskussion einer strittigen Frage) sollten Sie zusätzlich darauf achten, dass die Argumente, die Ihre eigene Meinung stützen, an letzter Stelle stehen.
- Vermeiden Sie gedankliche Sprünge. Diese liegen vor, wenn derselbe Sachverhalt an verschiedenen Stellen behandelt wird.

4 Legen Sie in Stichworten einen überzeugenderen Aufbau des zweiten Teils fest. Achten Sie dabei darauf, die stärkeren Argumente an den Schluss zu stellen. Arbeiten Sie auf einem gesonderten Blatt.

Sprachliche Richtigkeit und Angemessenheit
(a) Kongruenz prüfen: Beziehungsfehler beheben

Ein häufiger Darstellungsfehler in Klausuren besteht darin, dass Pronomen (vor allem Personalpronomen) verwendet werden, deren Beziehung nicht eindeutig ist (Fehlerzeichen: Bz).
Insgesamt ist die grammatische Kongruenz (→ S. 18 f.) wichtig, um Beziehungen auch sprachlich deutlich zu machen: Nur dann ist die Darstellung eindeutig.

5 Prüfen Sie unter dem Gesichtspunkt der grammatischen Kongruenz die Zeilen 66–72 des Schülertextes. Welche Personal- und Possessivpronomen müssen ersetzt werden, damit die Darstellung eindeutig ist? Streichen Sie an und schreiben Sie eine kongruente Fassung dieser Passage.

(b) Kohärenz prüfen: den Zusammenhang sprachlich deutlicher machen

! TIPP: Mittel zur Herstellung von Kohärenz

Die Kohärenz, d. h. den gedanklichen Zusammenhang eines Textes, kann man sprachlich auf verschiedene Weise herstellen. Die wichtigsten Möglichkeiten sind:

- **Demonstrativpronomen** (→ S. 6): *Schneider attackiert vor allem das Fernsehen. Dieses trägt seiner Meinung nach wesentlich zum Sprachverfall bei.*
- **Adverbien und Konjunktionen** (→ S. 5, S. 20 f.): *Danach geht Schneider zu einem Angriff auf die Sportjournalisten über. Außerdem weist er darauf hin, dass ... Aber er ...*
- **Wendungen** wie: *Ein weiterer wichtiger Gesichtspunkt ist ... – Der Verfasser geht auch noch auf andere Aspekte des Sprachverfalls ein. So beklagt er, ...*

6 Untersuchen Sie die Zeilen 72–76 des Trainingstextes und überlegen Sie, wie Sie den gedanklichen Zusammenhang auch sprachlich verdeutlichen können. Formulieren Sie eine kohärente Fassung dieser Passage. **Hinweis:** Manchmal muss man, wenn man Wendungen einfügt, zusätzlich kleinere Änderungen am Text vornehmen.

(c) Umgangssprache und mündlichen Stil vermeiden

TIPP: Schriftsprachlich schreiben

Gerade beim Formulieren ihrer Stellungnahme neigen manche Schreiber dazu, in einen mündlichen oder umgangssprachlichen Stil zu verfallen (→ S. 63 f.). Versuchen Sie beim Überarbeiten Ihrer Texte,

- umgangssprachliche Ausdrücke durch schriftsprachliche zu ersetzen,
- überflüssige Füllwörter zu tilgen,
- Wiederholungen zu vermeiden,
- auf klare und überschaubare Satzkonstruktionen (z. B. ohne doppelte Konjunktionen, → S. 53) zu achten.

7 **a** Lesen Sie den zweiten Teil des Trainingstextes kritisch unter dem Gesichtspunkt Füllwörter und umgangssprachliche Ausdrücke. Streichen Sie die Füllwörter durch und ersetzen Sie am Rand des Textes die umgangssprachlichen durch schriftsprachliche Ausdrücke.
b Wandeln Sie den Satz in Z. 63–66 so um, dass die doppelte Konjunktion vermieden wird.

___

___

___

Der Schluss

TIPP: Was beim Schluss zu beachten ist

- Der Schluss soll den Aufsatz sinnvoll abrunden. Er kann entweder **öffnen** – durch einen weiterführenden Gedanken oder einen Appell oder Ähnliches – oder **abschließen,** indem Bilanz gezogen bzw. das vorher Ausgeführte in konzentrierter Form zusammengefasst wird.
- Wenn Sie einen bilanzierenden Schluss wählen, müssen Sie Ihre Position noch einmal zusammenfassend präzise formulieren, dabei Pro und Kontra knapp benennen und an Ihre Hauptargumente erinnern.
- Der Schluss darf **kein neues Argument** enthalten.

8 **a** Untersuchen Sie, ob der Schluss der Schülerklausur (Z. 80–84) den im Tipp-Kasten genannten Forderungen entspricht. Benennen Sie gegebenenfalls Mängel.

___

___

b Formulieren Sie einen ergänzenden Satz, der die wesentlichen Punkte der Argumentation des Schülers noch einmal zusammenfassend benennt. Worin stimmt er Schneiders Position zu, worin lehnt er sie ab?

___

___

___

___

___

___

___

8 „Schriftsachen“ – offiziell schreiben

In diesem Kapitel finden Sie Informationen und Übungen zum Erstellen offizieller Textformen, die in ihrer Gliederung und ihrer sprachlichen Form verbindlichen Vorgaben folgen müssen. Indem Sie diese Vorgaben genau einhalten, stellen Sie sicher, dass Ihr Text alle für die jeweilige Textart wichtigen Aspekte enthält sowie sinnvoll und verständlich aufgebaut ist. Zudem zeigen Sie, dass Ihnen die geläufige äußere Form dieser Textarten vertraut ist, was besonders im Berufsleben die Bearbeitung Ihres Anliegens vereinfacht und die Beurteilung Ihrer Arbeit und auch Ihrer Person positiv beeinflusst.

! **TIPP: Drei wichtige Schritte**

- Der formalen äußeren sollte immer eine klare innere Gliederung zu Grunde liegen. Zu diesem Zweck empfiehlt es sich, inhaltliche Aspekte Ihres Textes zunächst zu **sammeln** und zu **ordnen** – am besten auf Karteikarten, die es Ihnen erlauben, verschiedene Anordnungen (chronologisch, hierarchisch) der einzelnen Punkte auszuprobieren. Heben Sie auf diesen Karten die Schlüsselwörter farbig hervor.
- Schon die **Rohfassung** Ihres Textes sollten Sie möglichst auf dem PC abfassen, um Korrekturen und Formulierungsalternativen beim Überarbeiten leichter einbringen zu können.
- Die **Endfassung** der hier eingeführten formalen Textarten muss auf dem Computer geschrieben sein. Verwenden Sie eine geläufige Schriftart in der Größe 12 Punkt und einen 1,5-fachen Zeilenabstand.

8.1 Das Protokoll

Das Protokoll ist eine Mitschrift, die das in einer Gruppe Erarbeitete und Beschlossene festhalten soll.
Ein wesentliches Kriterium für ein gelungenes Protokoll ist, ob auch jemand, der bei der betreffenden Zusammenkunft nicht anwesend war, das Wesentliche über die besprochenen Gegenstände problemlos daraus entnehmen kann.

! **Elemente eines Protokolls**

- **Protokollkopf** mit dem Titel der Veranstaltung, dem Datum, evtl. dem Ort, dem Zeitpunkt des Beginns und des Endes sowie den Namen der Teilnehmer und Teilnehmerinnen (evtl. mit deren Aufgaben in der Gruppe) und des Protokollanten sowie der Abwesenden (ggf. Vermerk, ob entschuldigt)
- **Hauptteil,** inhaltlich präzise und klar gegliedert. Es empfiehlt sich,
  - das Protokollierte durch Ziffern zu gliedern (evtl. in Tagesordnungspunkte, so genannte TOPs);
  - zentrale Fragestellungen und Themen gegebenenfalls zu unterstreichen;
  - wichtige Beiträge, auf deren Wortlaut es unter Umständen ankommt, ausführlich und namentlich zu notieren;
  - Tafelanschriften, Folien und Ähnliches gegebenenfalls als Anlage beizufügen, andernfalls knapp, aber klar zu skizzieren;
  - nur gebräuchliche und verständliche Abkürzungen zu verwenden.
- **Unterschrift** des Protokollführers (sowie ggf. des Vorsitzenden)
- **Anlagen** (Bildmaterial, Dokumentkopien o. Ä.), die genau zu benennen sind

Die Sprache eines Protokolls ist **sachlich;** persönliche Stellungnahmen oder Interpretationen des Gesagten muss der Protokollant vermeiden. Statt der direkten wird stets die **indirekte Rede** (→ S. 10, S. 67) verwendet. Das Tempus ist das **Präsens.**

Neben dem **wörtlichen Protokoll**, bei dem jedes Wort mitgeschrieben wird, unterscheidet man vor allem zwischen zwei Arten des Protokollierens:

Das Verlaufsprotokoll: Soll dargestellt werden, wie es zu einem Ergebnis (z. B. eines Experiments oder einer Schülerarbeitsgruppe) oder Beschluss gekommen ist, wird ein Verlaufsprotokoll geschrieben. Hierbei werden die einzelnen Diskussionsbeiträge bzw. die Arbeitsschritte einer Gruppe sinngemäß wiedergegeben (in indirekter Rede und im Präsens).

Das Ergebnisprotokoll: Hier ist nicht der Prozess, sondern lediglich das Ergebnis der protokollierten Zusammenarbeit von Bedeutung (z. B. Arbeitsergebnisse einer Gruppenarbeit, Beschlüsse einer Versammlung). Im Ergebnisprotokoll werden daher nur Resultate festgehalten sowie eventuell Anträge, die den Beschlüssen vorausgegangen sind. Ein Ergebnisprotokoll kann nach thematischen Gesichtspunkten gegliedert werden, d. h., es können verschiedene Aussagen zu einem Themenaspekt zusammengefasst werden, auch wenn sie in der Diskussion zeitlich getrennt waren. Ein Ergebnisprotokoll ist außerdem deutlich kürzer als ein Verlaufsprotokoll.

! **TIPP: Offene Fragen notieren**

Wenn Sie das Ergebnisprotokoll z. B. einer Gruppenarbeit schreiben, sollten Sie nicht nur positive Ergebnisse, sondern auch **offene Fragen** notieren, auf die in der Diskussion der Ergebnisse eingegangen werden kann.

1 Werten Sie den folgenden Mitschnitt aus einer Sitzung der Schülermitverantwortung (SMV) eines Gymnasiums aus, um auf ein gesondertes Blatt den Anfang eines Ergebnisprotokolls zu schreiben.
Verwenden Sie dabei alle relevanten Informationen, die Sie dem Text entnehmen können, und achten Sie auf einen richtigen Protokollkopf.

Thomas: *Leute, es ist 14 Uhr, wir sollten pünktlich anfangen. Sind alle da?*

Carina: *Ja, bis auf Ben, aber der bittet, dass wir ihn entschuldigen, er hat die Grippe.*

Thomas: *Akzeptiert. Julia, du bist mit Protokollführen dran. Also, unser Thema heute ist das anstehende Schulfest. Ständig liegen mir die Lehrer in den Ohren damit, was die SMV denn dazu beisteuern will; ich kann's schon nicht mehr hören. Das ist doch noch eine Weile hin.*

Julia: *Na ja, am 31.10. ist das, und heute ist der erste Oktober, da müssen wir schon mal in die Gänge kommen. Also, den Infostand wie beim letzten Mal sollten wir wieder machen.*

Marcel: *Och nee, da ist doch kaum einer gekommen.*

Julia: *Klar, der war ja auch völlig versteckt. Diesmal sollten wir uns direkt vor den Haupteingang stellen.*

Thomas: *Gute Idee. Aber wir brauchen einen Stromanschluss, wenn wir unsere Musikanlage da aufbauen wollen.*

Andreas: *Ich frag mal den Hausmeister, ob das geht; aber ich denke, das ist kein Problem.*

Carina: *Ich hab mal ein Werbeplakat für die SMV entworfen, damit die Leute auch wissen, wer wir sind. Hier, schaut mal.*

Thomas: *Oha: „Verantwortung übernehmen ist sexy" – also, mir gefällt's ja, aber ob der Schulleiter das gut findet? Müssen wir ihm mal zeigen.*

Andreas: *Wenn er es nicht erlaubt, schreiben wir halt „cool" stattdessen.*

Thomas: *Alle einverstanden? Okay, nächster Punkt …*

8.2 Der formelle Brief

Ein formeller Brief bringt ein Anliegen vor, das knapp und präzise formuliert werden sollte. Überlegen Sie im Voraus genau, was Sie mit dem Brief erreichen wollen und was der Adressat tun soll.

Die Form eines Geschäftsbriefes ist festgelegt in der DIN (Deutsches Institut für Normung) 5008:2005.
Die Standardisierung weist bestimmten Informationen einen festen Platz auf dem Briefblatt zu, damit man diese auf jedem Brief zügig findet.

- **Adresse des Absenders:** Sie steht oben links. Sie enthält mindestens drei Zeilen: den Vornamen und Namen, die Straße und den Ort (Telefonnummer, Fax o.Ä. können ergänzt werden).
  Die Adresse wird ohne Leerzeilen untereinandergeschrieben.
- **Anschrift des Empfängers:** Diese Anschrift ist formal wie die des Absenders aufgebaut, s.o.
  Wird eine Person in einer Firma oder Behörde angeschrieben, so schreibt man zunächst den Namen der Institution, dann gegebenenfalls den Namen der Unterabteilung und dann den Namen und gegebenenfalls den Titel *(Dr., Prof.)* des Adressaten in einer Zeile. Zusätze wie *an, z.H.* (für *zu Händen*) entfallen.
  Verwenden Sie einen Umschlag mit Sichtfenster, müssen Sie darauf achten, die Adresse so zu platzieren, dass sie im Sichtfenster erscheint.
- **Datum:** Das Datum steht oben rechts. Die in Deutschland geläufige Form ist: Tag (als Ziffer), Monat (als Ziffer oder ausgeschrieben), Jahr (2008), also 16.01.2008.
- **Informationszeile** (auch: Betreffzeile): Sie nennt präzise das Thema oder den Anlass des Schreibens, um dem Empfänger eine schnelle inhaltliche Einordnung zu ermöglichen. Vermeiden Sie zu allgemeine Formulierungen (also nicht einfach: *Anfrage,* sondern auch den Gegenstand der Anfrage).
  Die Informationszeile kann fett gedruckt werden. Das Kürzel *Betr.* entfällt.
  Unter der Informationszeile kann eine Bezugszeile ergänzt werden, um z.B. anzugeben, dass Sie sich auf ein Telefonat oder Schreiben beziehen: *Ihr Schreiben vom ..., Rechnung Nr. 1/23 v. 04.09.08.*
- **Anrede:** Wenn Sie den Namen des Adressaten nicht kennen, verwenden Sie die Formel *Sehr geehrte Damen und Herren.* Hinter die Anrede setzt man ein Komma und schreibt dann im Text klein weiter (außer natürlich, wenn das erste Wort mit einem Großbuchstaben beginnt).
- **Text:** Hier tragen Sie Ihr Anliegen strukturiert und gut verständlich vor. In einem einleitenden Absatz sollten Sie möglichst schnell zur Sache kommen; weitere Absätze erläutern diese näher. Im Schlussabsatz sollte Ihr Anliegen noch einmal zusammenfassend klar zum Ausdruck kommen. Fügen Sie nur Erläuterungen an, die für Ihr Thema und den Adressaten wirklich relevant sind. Vermeiden Sie Abschweifungen.
  Der Stil ist sachlich. Überlegen Sie im Voraus, welcher Ton (Höflichkeit!) Ihrem Anliegen entspricht: Wenn Sie um etwas bitten, sollten Sie konjunktivische Formulierungen (→ S.10f.) und die üblichen Hilfsverben verwenden (*möchte ich Sie bitten* oder, im Fall eines außergewöhnlichen Anliegens, *darf ich Sie bitten ...?*).
  Aber auch im Fall einer Forderung müssen Sie im Ton höflich und sachlich bleiben. Falls Sie dem Adressaten ein Versäumnis vorhalten wollen, sollten Sie immer die Möglichkeit eines Irrtums oder Versehens andeuten.
  Der Text ist 1,5-zeilig gesetzt; nach jedem Absatz folgt eine Leerzeile.
- **Grußformel:** Sie wird durch eine Leerzeile vom Text getrennt. Üblich ist die Formel *Mit freundlichen Grüßen.*
  Die Abkürzung *MfG* gilt als unhöflich und darf daher nicht verwendet werden.
  Hochachtungsvoll wirkt überaus förmlich und sehr distanziert; es ist daher zu vermeiden.
  Lassen Sie unter der Grußformel drei oder mehr Leerzeilen für Ihre Unterschrift frei.
  Erst mit handschriftlicher Unterschrift wird Ihr Brief ein offizielles, ggf. rechtsgültiges Dokument.
  Bei Geschäftsbriefen ist es üblich, unter die Unterschrift den Namen des Unternehmens/der Behörde und ggf. die Funktion des/der Unterzeichnenden aufzunehmen.
- **Anlagen:** Hier führen Sie alles auf, was Sie dem Brief beilegen (Dokumente, Fotos usw.). So hat der Empfänger eine erste Übersicht und kann ggf. prüfen, ob (z.B. in der Hauspost) etwas verloren gegangen ist. Bei rechtswirksamen Schreiben ist es wichtig, nachweisen zu können, wer wann was gesehen und gewusst hat.

•
•
•
•
Florian Becker
Mühlenweg 12
54321 Burgdorf 20.07.2008
02525 98765
florian.becker@netz.de
•
•
•
•
•
Interworld GmbH
Personalabteilung
Frau Dr. Sieglinde Schmitz
Brunnenstraße 2
50111 Köln
•
•
•
•
•
Ihre Einladung zu einem Bewerbungsgespräch
•
•
Sehr geehrte Frau Dr. Schmitz,
•
in Ihrem Schreiben vom 15.07.2008 haben Sie mich zu einem persönlichen Gespräch eingeladen. Darüber freue ich mich und bestätige den vorgeschlagenen Termin am 14.08.2008 um 11:30 Uhr gern.
•
Wie gewünscht, lege ich erneut eine Kopie meines Abiturzeugnisses bei.
•
Mit freundlichen Grüßen
•
Florian Becker
•
Florian Becker
•
•
•
Anlage
Abiturzeugnis in Kopie
•
•
•

! **TIPP: Sorgfältig formulieren**

- Verwenden Sie die richtigen Fachbegriffe.
- Strukturieren Sie Ihre Ausführungen durch sinnvolle Konjunktionen (→ S. 20 f.), z. B.: *daher, infolgedessen, (wo)hingegen, zudem, des Weiteren, schließlich* usw.
- Vermeiden Sie übermäßig gesucht wirkende oder hochgestochene Formulierungen.

1 **a** Kreuzen Sie für jede der folgenden Informations- bzw. Betreffzeilen an, ob sie geeignet ist oder nicht.
b Begründen Sie Ihre Entscheidung.

geeignet	ungeeignet	
☐	☐	*Überarbeitung Ihres Angebots an uns* ________________
☐	☐	*Betr.: Änderung meiner Adresse* ________________
☐	☐	*Ihr Schreiben vom 20.4.2008* ________________
☐	☐	*Fehlerhafte Angaben in meinem Unfallprotokoll vom 31.10.2007* ________________
☐	☐	*Noch eine Frage* ________________
☐	☐	*Ihre Einladung vom 2.5. und meine Reaktion darauf* ________________
☐	☐	*Praktikumsplatz als Bürokaufmann in Ihrer Firma* ________________

2 Kreuzen Sie an: Welche der jeweils folgenden Formulierungen wären im Anschluss an den Satz angemessen?

Ich habe das mir von Ihnen zugesandte Antragsformular verloren.

- ☐ *Bitte senden Sie mir daher ein neues Formular zu.*
- ☐ *Ich darf Sie daher bitten, mir ein neues Formular zuzusenden.*
- ☐ *Ich möchte Sie daher bitten, mir ein neues Formular zuzusenden.*
- ☐ *Wäre es Ihnen möglich, mir ein neues Formular zuzusenden?*

Vielen Dank für Ihre Einladung zu einem persönlichen Vorstellungsgespräch.

- ☐ *Unglücklicherweise ist es mir leider nicht möglich, diesen Termin wahrzunehmen, da ich …*
- ☐ *Ich bedaure, dass ich diesen Termin nicht wahrnehmen kann, da ich …*
- ☐ *Leider ist es mir nicht möglich, diesen Termin wahrzunehmen, da ich …*
- ☐ *Es tut mir schrecklich leid, diesen Termin nicht wahrnehmen zu können, da ich …*

8.3 Das Bewerbungsschreiben

Mit einer Bewerbung wollen Sie einen positiven Eindruck erzielen, darum ist es überaus wichtig, dass Sie auf eine angemessene sprachliche und formale Gestaltung Ihres Anschreibens achten.
Wenn Sie sich um einen Ausbildungsplatz, eine Praktikumsstelle o. Ä. bewerben, ist der erste und zentrale Teil der Bewerbung Ihr Anschreiben. Formal muss es DIN 5008 genügen (→ S. 88) und sollte nicht länger als eine Seite sein. Tragen Sie Ihr Anliegen möglichst knapp und präzise vor. Skizzieren Sie Ihre Qualifikationen und Ihr Interesse für die angestrebte Stelle.

! TIPP: Den richtigen Ansprechpartner korrekt anschreiben

Informieren Sie sich vorab (telefonisch oder im Internet), wer genau im Unternehmen der **Ansprechpartner** für Ihre Bewerbung ist. Dann sind Sie sicher, dass Ihr Brief in die richtigen Hände gerät, und Ihr Gegenüber wird sich persönlich angesprochen fühlen.
Die **Anschrift** muss absolut korrekt und vollständig sein. Wenn der Adressat oder die Adressatin einen Titel hat, müssen Sie auch diesen in die Adresse aufnehmen.

Der **Text des Bewerbungsschreibens** beginnt mit einem kurzen Hinweis auf den Anlass Ihrer Bewerbung. Dies wird in den meisten Fällen eine Anzeige sein, unter Umständen kann es sich aber auch um ein Angebot handeln, das Ihnen in einem persönlichen Gespräch unterbreitet wurde. Schließlich können Sie auch eine so genannte Initiativbewerbung formulieren, die sich nicht auf einen konkreten Anlass bezieht, sondern auf Ihrer Vermutung beruht, dass Ihre Qualifikationen das Interesse des Adressaten wecken könnten. Es folgt ein Satz, der Ihr Anliegen formal ausdrückt: „Ich bewerbe mich um ...". In den folgenden Absätzen umreißen Sie knapp, aber möglichst aussagekräftig

- Ihre aktuelle schulische Situation (besuchte Schule und angestrebter Abschluss);
- Ihre Qualifikationen, soweit diese für die angestrebte Stellung relevant sind (Schulabschluss, ggf. Praktika oder Kurse, evtl. private Tätigkeiten, die Ihre Eignung für die angestrebte Position zeigen);
- die Gründe für Ihr Interesse an der angestrebten Ausbildung bzw. Stelle.
- Eine Schlussformel bringt Ihre Bitte um ein persönliches Vorstellungsgespräch zum Ausdruck.

! TIPP: Formulierungshilfen

Einige Formulierungen helfen, klar und formal angemessen zu schreiben:
- während ...
- hatte ich Gelegenheit ...
- ich strebe ... an
- im Rahmen meiner Tätigkeit als ...
- zudem verfüge ich über ...
- dabei konnte ich (erste) Erfahrungen im ... sammeln
- zu meinen Stärken gehören ...
- was man aus meiner Tätigkeit als ... ersehen kann
- ich interessiere mich besonders für ...
- ich würde mich über ... freuen

1 Sie möchten sich um einen Praktikumsplatz in der Redaktion eines Musikmagazins bewerben.

a Arbeiten Sie auf der Grundlage der folgenden Ideensammlung den Text für ein vollständiges und aussagekräftiges Bewerbungsschreiben aus. Achten Sie darauf, nur die für Ihr Anliegen relevanten Aspekte auszusuchen und diese strukturiert und in sprachlich angemessener Form darzustellen und gegebenenfalls zu erläutern. Nutzen Sie die Schreiblinien für den Entwurf erster Textbausteine. Arbeiten Sie anschließend am PC.

b Überarbeiten Sie Ihren Text sorgfältig: Achten Sie dabei – anhand Ihrer Fehlerschwerpunkte (→ S. 3 f.) – auf Rechtschreibung und Zeichensetzung sowie auf Kongruenz und Kohärenz. Wenden Sie alle Kenntnisse an, die Sie in diesem Heft wiederholt oder erarbeitet haben.

c Schreiben Sie das vollständige Anschreiben formgerecht am PC. Sehen Sie für Anschrift und Anrede fiktive Daten vor.

Telefonat mit Jan Bauer | „Music News" | schreibe CD- und Konzertkritiken in Schülerzeitung

interessiere mich für fast alle Musikrichtungen | Klaus Hartmann | lese die „Music News" seit Jahren

höre am liebsten Soul und Hiphop | habe über 400 CDs | spiele Gitarre bei den „Silver Hawks" (Soul)

würde unbezahlt arbeiten | habe auch am Wochenende Zeit | (Redakteur, Freund von Julia Hahn)

Tipp von Gitarrenlehrer | Note 2 in Deutsch | organisiere die Auftritte von Bands bei Schulfesten

will Journalismus studieren | PC-Kenntnisse (geläufige Textprogramme, Grafikdesign)

8.4 Der Lebenslauf

Der Lebenslauf, den Sie Ihrem Bewerbungsschreiben beifügen, soll dem Adressaten einen Eindruck von Ihrem Werdegang vermitteln. Neben Ihren fachlichen Qualifikationen sollte dabei ein positives, aber auch realistisches Bild Ihrer Person entstehen. Hier ist es von besonderer Bedeutung, dass Sie im Vorfeld genau überlegen, welche außerschulischen Erfahrungen für die von Ihnen angestrebte Position relevant sein könnten. Verwenden Sie für die Stoffsammlung Karteikarten und besprechen Sie Ihre Ergebnisse mit nahestehenden Personen: Haben Sie an alles Relevante gedacht? Sind Ihre schulischen und beruflichen Qualifikationen angemessen dargestellt?

- **Form:** Der Lebenslauf wird am Computer tabellarisch verfasst. Oben rechts sollte in der Regel ein Passfoto von Ihnen aufgeklebt oder gedruckt sein. Es ist ratsam, dieses Foto von einem professionellen Fotografen machen zu lassen.
- **Persönliche Daten:** Der Lebenslauf beginnt mit Ihrem Namen, Ihrer Anschrift (möglichst mit Telefonnummer und E-Mail-Adresse) sowie Geburtsdatum und -ort. Für eine Schülerin oder einen Schüler ist es üblich, auch die Namen der Eltern anzugeben. Es folgt Ihr Familienstand. Falls Sie Ausländer oder Ausländerin sind oder einen ausländisch klingenden Namen haben, sollten Sie auch Ihre Staatsangehörigkeit nennen.
- **Tabellarische Übersicht:** Sie können chronologisch vorgehen, also vom Tag der Einschulung bis zum Schulabschluss nach Datum geordnet aufführen, was Sie gemacht haben.
  Übersichtlicher ist eine nach Aspekten geordnete Übersicht:
  Schulbildung:
  Welche Schulen haben Sie wann besucht, welche besuchen Sie noch? Falls möglich, geben Sie die Art und das voraussichtliche Datum des von Ihnen angestrebten Schulabschlusses an (mit dem Zusatz „voraussichtlicher Schulabschluss").
  Sprachkenntnisse:
  Für die im Schulunterricht gelernten Fremdsprachen reicht die Anzahl der Jahre, in denen Sie in der jeweiligen Sprache unterrichtet wurden. Haben Sie durch Auslandsaufenthalte, längere Reisen, Eltern, Freunde, Verwandte o. Ä. weitere Sprachkenntnisse erworben, so sollten Sie diese gesondert angeben. Dabei ist es sinnvoll, den Grad der Beherrschung mit Zusätzen wie „Grundkenntnisse", „gute Kenntnisse", „fließend" oder „Muttersprache" zu kennzeichnen.
  Praktische Erfahrungen:
  Führen Sie alle beruflichen Tätigkeiten auf, die Sie ausgeübt haben; nennen Sie den Betrieb, den Zeitraum und die Art der Tätigkeit. Vorteilhaft sind Praktika oder Aushilfsjobs im gewünschten oder in verwandten Berufsfeldern.
  Zusatzqualifikationen:
  Tätigkeiten, Kurse, Arbeitsgemeinschaften u. Ä., die für die angestrebte Position relevant sein könnten oder die Ihre besonderen Talente deutlich machen. Denken Sie dabei auch an die so genannten Schlüsselqualifikationen: Haben Sie z. B. als Jugendtrainer im Sportverein oder in der SV Ihrer Schule mitgearbeitet, was auf Teamfähigkeit und Verantwortungsbereitschaft schließen ließe?
  Hobbys:
  Was ist für Ihren Adressaten von Interesse? Benennen Sie diese Hobbys möglichst präzise (z. B. nicht „lesen", sondern „naturwissenschaftliche Fach- und Populärliteratur").
- Ort, Datum, Unterschrift.

1 Die Schülerin Anna Franke bewirbt sich um einen Ausbildungsplatz in einer Firma, die Websites für Großkunden erstellt und betreut. Sie hat die folgenden Stichpunkte für ihren Lebenslauf gesammelt. Erstellen Sie ein Raster und tragen Sie diejenigen Aspekte ein, die Ihnen für Annas Absicht geeignet zu sein scheinen. Lassen Sie dabei Unnötiges weg.

- *Programmieren von Websites (z.B. www.DRK-Beckum.de)*
- *Schreibmaschinenkurs bei der VHS*
- *Tischtennis (Stadtjugendmeisterin 2003)*
- *dreiwöchiges Praktikum in der Werbeagentur „Images" (07–08/2005)*
- *Chatten*
- *Reiten*
- *Erste-Hilfe-Ausbildung*
- *Foto-AG im Gymnasium*
- *Chefredakteurin der Schülerzeitung 09/2005–07/2006*
- *Schüleraustausch Lyon, Frankreich (09/04–2/05)*
- *Mithilfe in der Buchhaltung des elterlichen Betriebs (Versicherungsfiliale)*
- *Freunde treffen*
- *Lesen englischer Computerfachliteratur*

8.5 Bewerbungsschreiben – Trainingstext

1 Korrigieren Sie die formalen und sprachlichen Fehler und Mängel in der folgenden Bewerbung.

Kai Sandmann
Torweg 8
64111 Nordhausen
03344 12345

Nordhausen, den 20. August 2008

•
•
•

An Herrn
Peter Müller
Isarzeitung
Personalabteilung
Fortunastraße 11
•
65222 Bornberg
•
•
Bewerbung
•
•
Sehr geehrte Damen und Herren,
•
Im Juni 2008 habe ich das Gymnasium mit dem Abitur verlassen. Meine Stärken und Interessen liegen in den Bereichen Deutsch und SoWi (wie Sie dem beiliegenden Zeugnis entnehmen können).
Ich glaube, die für eine Ausbildung zum Journalisten nötigen Qualifikationen und Fähigkeiten vorweisen zu können.

Es war schon immer mein Wunsch, journalistisch zu arbeiten. Ich kann gut mit Sprache umgehen, bin kontaktfähig und genau. Als ich Ihre Anzeige vom 11. 8. 2008 las, war mir sofort klar, dass ich gerne bei Ihrem Blatt ein Volontariat machen würde. Ich habe zwei Jahre lang als Chefredakteur die Schülerzeitung unseres Gymnasiums betreut. Ich schreibe gerne Texte aller Art. In meiner Freizeit fahre ich Rennrad und betreue oft meine jüngeren Geschwister.

Aus meinen Bewerbungsunterlagen können Sie entnehmen, dass ich mich gut für eine Ausbildung zum Journalisten eigenen würde. Bitte prüfen Sie, ob Sie mir diese Chance eröffnen können.

Vielleicht laden Sie mich zu einem Vorstellungsgespräch ein?

Hochachtungsvoll
Kai Sandmann

Autoren- und Textquellenverzeichnis

Anders, Günther (1902–1992): *Der Löwe,* S. 28. Aus: Der Blick vom Turm: Fabeln. C. H. Beck, München 1988

Bánk, Zsuzsa (*1965): *Der Schwimmer,* S. 30. Aus: Der Schwimmer. S. Fischer, Frankfurt/M. 2004, S. 42 f.

Bettelheim, Bruno (1903–1990): *Kinder brauchen Märchen,* S. 68. Nach: Kinder brauchen Märchen. dtv, Stuttgart 1977, S. 38 f.

Borchert, Wolfgang (1921–1947): *Das Brot,* S. 71 f. Aus: Draußen vor der Tür und Ausgewählte Erzählungen. Rowohlt, Reinbek bei Hamburg 1967, S. 120 f.

Brecht, Bertolt (1898–1956): *Wer baute das siebentorige Theben? (Fragen eines lesenden Arbeiters),* S. 9. Aus: Werke. Große kommentierte Berliner u. Frankfurter Ausgabe. Hg. von Werner Hecht, Jan Knopf, Werner Mittenzwei u. Klaus-Detlef Müller. Bd. 12, Suhrkamp, Frankfurt/M. 1988, S. 29

Enzensberger, Hans Magnus (*1929): *blindlings,* S. 65. Aus: Landessprache. Suhrkamp, Frankfurt/M. 1960, S. 65

Fischer, Steven Roger: *Sprache und Gesellschaft,* S. 31. Aus: Eine kleine Geschichte der Sprache. dtv, München 2003, S. 180; *Weltsprache,* S. 46. Aus: ebd., S. 236

Flaubert, Gustave (1821–1880): *Madame Bovary,* S. 12. Aus: Madame Bovary. Sittenbild aus der Provinz. Übers. von Ilse Perker und Ernst Sander. Reclam, Stuttgart 1972, S. 41–43, S. 50

Fontane, Theodor (1819–1898): *Der Anfang ist immer das Entscheidende ... (Brief an Mathilde von Rohr vom 3. Juni 1879),* S. 70. Aus: Werke, Schriften und Briefe. Hg. von Walter Keitel u. Helmuth Nürnberger. Abteilung IV: Briefe, 3. Bd. 1879–1889. Carl Hanser, München 1980, S. 23

Frisch, Max (1911–1991): *Homo Faber,* S. 31. Aus: Homo Faber. Ein Bericht. Suhrkamp, Frankfurt/M. 1974, S. 28

Gaarder, Jostein (*1952): *Sofies Welt,* S. 47. Aus: Sofies Welt. Roman über die Geschichte der Philosophie. Übers. von Gabriele Haefs. dtv, München 1998, S. 240 f.

Goethe, Johann Wolfgang von (1749–1832): *Ich war ein anderer Mensch geworden ... (Brief an Schiller vom 14. Oktober 1797),* S. 9. Aus: Sämtliche Werke nach Epochen seines Schaffens. Münchner Ausgabe. Hg. von Karl Richter in Zusammenarbeit mit Herbert G. Göpfert, Norbert Miller u. Gerhard Sauder. Bd. 8.1: „Briefwechsel zwischen Schiller und Goethe in den Jahren 1794 bis 1805". Hg. von Manfred Beetz. Carl Hanser, München, 1990, S. 433; *Iphigenie auf Tauris. Ein Schauspiel,* S. 73. Aus: ebd., Bd. 3.1: Italien und Weimar 1786–1790, I. Hg. von Norbert Müller u. Hartmut Reinhardt. Carl Hanser, München 1990, S. 214 f.

Kästner, Erich (1899–1974): *Trostlied im Konjunktiv,* S. 11. Aus: Kästner für Erwachsene. Hg. von Rudolf Walter Leonhardt. Atrium, Zürich 1966

Kunert, Günter (*1929): *Die Schreie der Fledermäuse,* S. 23. Aus: Tagträume in Berlin und andernorts. Fischer TB, Frankfurt/M. 1974, S. 23; *Fahrt mit der S-Bahn,* S. 25. Aus: Die Beerdigung findet in aller Stille statt. Carl Hanser, München/Wien 1968

Rousseau, Jean-Jacques (1712–1778): *Abhandlung über den Ursprung und die Grundlagen der Ungleichheit unter den Menschen (1754),* S. 30. Aus: Kulturkritische und politische Schriften in 2 Bdn. Hg. von Martin Fontius. Rütten & Loening, Berlin 1989, S. 207

Schneider, Robert (*1961): *Schlafes Bruder,* S. 69. Nach: Schlafes Bruder. Roman. Reclam, Leipzig 1994, S. 204

Schneider, Wolf (*1925): *Ich habe einen Traum,* S. 74 f. Aus: Die Zeit, Nr. 19 vom 04.05.2005

Zimmer, Dieter E. (*1934): *Nur darum hat die Sprache ...,* S. 6. Aus: Redens Arten. Über Trends und Tollheiten im neudeutschen Sprachgebrauch. Haffmans, Zürich 1986, S. 9

Das Heft wurde erarbeitet auf der Grundlage des Arbeitsheftes „Texte, Themen und Strukturen – Texte überarbeiten", herausgegeben von Bernd Schurf und Andrea Wagener, erarbeitet von Gerd Brenner, Heinz Gierlich, Ida Hackenbroch-Krafft, Christoph Hellenbroich und Philipp Schmolke.

Redaktion: Christian Köpcke, Hamburg
Illustrationen: Amelie Glienke, Berlin
Umschlaggestaltung: werkstatt für gebrauchsgrafik, Berlin
Layout und technische Umsetzung: Katrin Tengler

Dieses Arbeitsheft ergänzt die Lehrwerke	*Deutschbuch. Texte und Methoden. Gymnasium Bayern 11*	ISBN 978-3-464-63085-3
	Deutschbuch. Texte und Methoden. Gymnasium Bayern 12	ISBN 978-3-464-63086-0
Weitere Arbeitshefte dieser Reihe:	*Die Seminararbeit*	ISBN 978-3-464-63091-4
	Abitur Bayern	ISBN 978-3-464-63095-2

www.cornelsen.de

Dieses Werk berücksichtigt die Regeln der reformierten Rechtschreibung und Zeichensetzung.
Bei den mit [R] gekennzeichneten Texten haben die Rechteinhaber einer Anpassung widersprochen.

1. Auflage, 4. Druck 2016

Druck: H. Heenemann, Berlin

ISBN 978-3-464-63090-7